観光地
経営人材育成
ハンドブック

観光地を経営するために
特に習得すべきこと

技能編

山田 浩久 著

海青社

は じ め に

　本書は、2023年3月に観光庁が示した『ポストコロナ時代における観光人材育成ガイドライン』(以下、ガイドライン)[1]に基づき、観光地経営人材(観光地全体の経営、観光地域づくりを担う人材)の育成を目的に構成されています。

　ガイドラインでは、「観光地経営人材に求められる知識・技能」が、① 観光地経営戦略、② 現代の観光地経営の動向、③ 観光地経営組織マネジメント、④ 観光地マーケティング、⑤ 地域観光のイノベーションと観光DX、⑥ 観光地経営のアントレプレナーシップと事業開発、の6領域にまとめられています。各領域に示された「学ぶべき内容」を項目に分けて列挙してみると、領域単位ではまとまっていますが、1単元ことに割り当てられる時間が決まっている講義の形式に当てはめた場合、分割あるいは統合が望ましい項目や順番の入替が必要と思われる項目があることが分かりました。

　ガイドラインを読んで戸惑い、整理して実感するのは、学ぶべき項目が多いということです。それらを全てそれぞれの専門家が教えるとなれば、十数冊の分厚い教科書が提示されることになるでしょう。しかしながら、それで観光地全体の経営を担わなければならないと考えている方や観光地域づくりをしてみたいと思っている方の出鼻を挫くことになってしまっては、元も子もありません。各々に専門家が存在するような内容をまんべんなく一人の人間が身に付けようとする場合、「ひとまずはここまで」というラインを引くことが、学ぼうとする側にも教えようとする側にも必要です。学ぼうとする方は、なんでも専門家並みにできる超人を目指しているわけではないでしょうし、教える教育機関も全ての専門家を用意できるわけではありません。

　そこで、筆者は、ガイドラインから抽出した「学ぶべき30項目」を観光地経営のために**理解すべき理論**と**知らないと観光地経営ができない技能**に分け、「ひとまずはここまで」というラインを引くハンドブックを、それぞれ『理論編』、『技能編』として作成することにしました(**図1**)。『理論編』については2024年5月に刊行していますので、本書は『技能編』となります。当初は、2冊ともリカレント教育用に使用することを想定していましたが、『理論編』を部分的に大学の講義で使用したところ、大学教育に対しても十分に適用できることが実証されました。リカレント教育で本書を使用する場合、既に一定の知識や技能を有している受講者であれば、1単元にかかる時間を45分程度＋グループワークに短縮することも可能と思われます。用意できる時間が限定されている場合やより高い水準を求める場合においては、状況に応じて、プログラムの内容を変更しても良いかもしれません。

　本書は、『理論編』同様、全15単元から成り、各単元とも、導入＋4トピック(見開き図解)＋ワークシートで構成されています。ワークシートの半ばに疑問を書く欄があります。疑問を文章化し、周りの人と話し合うことはとても勉強になりますから、後半のグループ・ディスカッションと共に、本書を活用したプログラムに参加した際には、是非、実践してみてください。

　筆者は、地域を捉える際、専門性の深度よりも他分野からの視点の数や角度を優先します。結果、「広く浅く」の姿勢になってしまう筆者が書いたハンドブックですから、「ひとまずはここまで」のラインはかなり手前に引かれているはずです。本書での学習を通じて、一人でも多くの方が観光地経営のための技能に関心を持ち、観光地全体の経営者として活躍されることを願っています。

　　2024年7月1日

　　　　　　　　　　　　　　　　　　　　　　　　　　　　　　　　　　山 田 　浩 久

ガイドラインの内容

① **観光地経営戦略**

1 ・地域の特性、課題、立地条件
2 ・地域における観光の役割と効果
3 ・観光地経営戦略ついての基礎的理解
4 ・観光地経営戦略を策定する手法
5 ・観光地経営戦略を実現のための組織づくり

② **現代の観光地経営の動向**

6 ・持続可能な観光
7 ・グローバルな視点
8 ・観光の意義と将来性
9 ・地域の課題
10 ・観光形態の多様化
11 ・観光行政
12 ・観光関連法規

③ **観光地経営組織マネジメント**

13 ・リーダーシップ論
14 ・ファシリテーション技法
15 ・組織行動論
16 ・危機管理
17 ・政策形成についての基礎的理解
18 ・社会的使命感、倫理観

④ **観光地マーケティング**

19 ・データ・統計分析技法についての基礎的理解
20 ・プレイス・マーケティングの考え方
21 ・マーケティング分析
22 ・マーケティング手法

⑤ **地域観光のイノベーションと観光DX**

23 ・デザイン思考についての体系的理解
24 ・地域観光のイノベーション
25 ・IT システムついての基礎的理解
26 ・観光DX についての基礎的理解
27 ・観光DX の実践・検証

⑥ **観光地経営のアントレプレナーシップと
事業開発**

28 ・アントレプレナーシップ
29 ・事業開発
30 ・総合的な実践力

本書の構成

理論編

1 地域における観光の役割と効果 (2, 8)
2 観光地経営人材育成の必要性 (3, 4, 5)
3 地域課題と観光 (1, 3, 9)
4 観光地経営戦略の基礎的理解 (3, 4)
5 インバウンド旅行者の増加 (7, 19)
6 持続可能な観光 (6, 7, 18)
7 観光形態の多様化 (7, 10)
8 観光行政 (11, 17)
9 観光関連法規 (12, 17)
10 マーケティング・ミックス (21)
11 マーケティング分析 (21)
12 プレイス・マーケティング (20)
13 プレイス・プロモーション (22)
14 観光イノベーション (18, 24, 29)
15 観光DX (26, 27)

技能編

1 デザイン思考 (23)
2 リーダーシップ論 (13)
3 ファシリテーション技法 (14)
4 組織行動 (15)
5 危機管理 (16)
6 自己点検 (13, 15, 16)
7 観光倫理 (18)
8 マーケティング調査 (19)
9 マーケティング・オペレーション (22)
10 デジタル・マーケティング (22, 25, 26)
11 DMP の活用 (19, 25, 27)
12 アントレプレナーシップ (28)
13 ブランディング (1, 20, 30)
14 DMO の役割 (29, 30)
15 諸外国の事例 (7, 10, 29, 30)

※括弧内の数字は「ガイドラインの内容」に
示した数字に対応する。

図1　『ポストコロナ時代における観光人材育成ガイドライン』の内容と本書の構成

観光地経営人材育成
ハンドブック ｜技能編

観光地を経営するために
特に習得すべきこと

目　次

目 次

はじめに..1

第1章 デザイン思考...7
デザインとそのための準備..7
1-1 デザイナーの属性、状態、状況を明確にしておく必要性..................8
1-2 デザインを描き、展開させていくための手法..................................8
1-3 対象を捉えるために必要な思考の次元.......................................10
1-4 デザイン思考によって導かれた結果の出力.................................10
《第1回 ワークシート》..12

第2章 リーダーシップ論...13
多様なリーダーシップ論..13
2-1 経営者とリーダーの違い..14
2-2 「特性理論」によるリーダー像..14
2-3 「行動理論」によるリーダーの成長...16
2-4 「条件適合理論」による観光地経営の注意点.............................16
《第2回 ワークシート》..18

第3章 ファシリテーション技法...19
リーダーとファシリテーター...19
3-1 ファシリテーターに求められる作業...20
3-2 ファシリテーションの基本的な進め方..20
3-3 変容型ファシリテーションの必要性..22
3-4 オンラインでのファシリテーション...22
《第3回 ワークシート》..24

第4章 組織行動..25
マネジメントのためのマネジメント..25
4-1 観光地経営人材の動機づけ..26
4-2 観光地経営における合意形成...26
4-3 組織市民行動の必要性...28
4-4 組織学習の提案..28
《第4回 ワークシート》..30

第5章 危機管理..31
観光危機管理計画から「観光受容」のための危機管理へ.......................31
5-1 観光危機管理計画の作成...32
5-2 事業経営の安定、安泰のための危機管理..................................32
5-3 危機管理を変革の中心に据えたHISの新戦略............................34
5-4 「観光受容」のための危機管理...34
《第5回 ワークシート》..36

第6章 自己点検..37
自己点検の意味...37
6-1 『旅行業法遵守状況自己点検表』と『旅行業安全確保状況自己点検表』の意味.....38
6-2 コンプライアンスに対する自己点検..38

目　　次　　5

　　6-3　性悪説的な視点からの自己点検 ……………………………………………………… 40
　　6-4　性善説的な視点からの自己点検 ……………………………………………………… 40
　　《第6回　ワークシート》 …………………………………………………………………… 42

第7章　観光倫理 …………………………………………………………………………… 43
　　観光がもたらす問題 ………………………………………………………………………… 43
　　7-1　『世界観光倫理憲章』 …………………………………………………………………… 44
　　7-2　健全な観光 ……………………………………………………………………………… 44
　　7-3　オーバーツーリズム …………………………………………………………………… 46
　　7-4　観光倫理教育 …………………………………………………………………………… 46
　　《第7回　ワークシート》 …………………………………………………………………… 48

第8章　マーケティング調査 …………………………………………………………… 49
　　マーケティングの作業 ……………………………………………………………………… 49
　　8-1　マーケティング調査の流れ …………………………………………………………… 50
　　8-2　定量調査 ………………………………………………………………………………… 50
　　8-3　定性調査 ………………………………………………………………………………… 52
　　8-4　状況の経過や変化を知る ……………………………………………………………… 52
　　《第8回　ワークシート》 …………………………………………………………………… 54

第9章　マーケティング・オペレーション ………………………………………… 55
　　「オペレーション」の概念 …………………………………………………………………… 55
　　9-1　社会と地域の分離 ……………………………………………………………………… 56
　　9-2　消費者行動の変化 ……………………………………………………………………… 56
　　9-3　観光関連事業所内でのマーケティング・オペレーションの必要性 ……………… 58
　　9-4　観光地経営におけるマーケティング・オペレーション …………………………… 58
　　《第9回　ワークシート》 …………………………………………………………………… 60

第10章　デジタル・マーケティング ………………………………………………… 61
　　「デジタル」が付くとどうなるのか ………………………………………………………… 61
　　10-1　消費者行動の変化に伴うデジタル・マーケティングの出現 ……………………… 62
　　10-2　複雑化する判断基準 ………………………………………………………………… 62
　　10-3　デジタル・マーケティングの捉え方 ……………………………………………… 64
　　10-4　ゲーム理論 …………………………………………………………………………… 64
　　《第10回　ワークシート》 ………………………………………………………………… 66

第11章　DMPの活用 ……………………………………………………………………… 67
　　データの管理 ………………………………………………………………………………… 67
　　11-1　日本観光振興デジタルプラットフォーム …………………………………………… 68
　　11-2　RESAS ………………………………………………………………………………… 68
　　11-3　観光予報プラットフォーム ………………………………………………………… 70
　　11-4　現状におけるDMPの活用の仕方 ………………………………………………… 70
　　《第11回　ワークシート》 ………………………………………………………………… 72

第12章　アントレプレナーシップ …………………………………………………… 73
　　ベンチャーから学ぶ ………………………………………………………………………… 73

6　　　　　　　　　　　　　　　　　　目　　次

12-1 「社会力」による環境整備 ……………………………………………… 74
12-2 意思決定(見込み、見極め、決断) ……………………………………… 74
12-3 起業家の事業企画 ………………………………………………………… 76
12-4 攻めのリスクヘッジ ……………………………………………………… 76
《第 12 回　ワークシート》 ………………………………………………… 78

第 13 章　ブランディング …………………………………………………… 79

プレイス・ブランディングの課題 ……………………………………………… 79
13-1 インターナル・ブランディング ………………………………………… 80
13-2 ブランド・エクイティの構築 …………………………………………… 80
13-3 プレイス・ブランディングの効果的な実践 …………………………… 82
13-4 ブランディングの動態 …………………………………………………… 82
《第 13 回　ワークシート》 ………………………………………………… 84

第 14 章　DMO の役割 ………………………………………………………… 85

DMO が抱える課題 ……………………………………………………………… 85
14-1 (一社)東北観光推進機構 ……………………………………………… 86
14-2 おもてなし山形(株) ……………………………………………………… 86
14-3 (株)かまいし DMC ……………………………………………………… 88
14-4 (株)遠野ふるさと商社 ………………………………………………… 88
《第 14 回　ワークシート》 ………………………………………………… 90

第 15 章　諸外国の事例 ……………………………………………………… 91

観光地経営に対する考え方 ……………………………………………………… 91
15-1 米国テキサス州のネイチャー・ツーリズム …………………………… 92
15-2 サンティアゴ・デ・コンポステーラへの巡礼に見られる文化の受容 … 92
15-3 アルベルゴ・ディフーゾによる地域の承認 …………………………… 94
15-4 レスポンシブル・ツーリズムに対する姿勢 …………………………… 94
《第 15 回　ワークシート》 ………………………………………………… 96

注および文献 ………………………………………………………………… 97

索　　引 ……………………………………………………………………… 103

お わ り に ……………………………………………………………………… 107

第1章　デザイン思考

デザインとそのための準備

　デザイン思考の応用範囲は広く、考えを整理する際や新しいことにチャレンジする際の有用な知識、技能になります。そのため、本書でも第1章において、デザイン思考を扱います。

　Longmanの英英辞典第6版によれば、Designは、

1. Process of planning: the art or process of making a drawing of something to show how you will make it or what it will look like
（計画のプロセス：どのように作るか、またはどのように見えるかを示すために、何かの図面を作成する技術またはプロセス）
2. Arrangement of parts: the way that something has been planned and made, including its appearance, how it works etc
（部品の編成：外観や仕組み等を含め、何かが計画され、作られた方法）
3. Pattern: a pattern for decorating something
（パターン：何かを飾るための模様）

と説明されています。日本で「デザイン」と言えば、3の意味で使われることが多いように思いますが、デザイン思考の「デザイン」は、自分の頭の中で思い描いたアイデアをアウトプットする技術やプロセス、またはアウトプットされたものの構造という、1または2の意味で使用されています。つまり、デザイン思考とは、提案者のアイデアをまとめあげるための思考と言えます。重要な点は、生み出されたものに対する思考ではなく、生み出されるまでの過程、設計に対する思考であることです。同時に、結果までの過程や結果そのものを、伝えるべき人に「見せて伝える」、あるいは「見たら分かる」工夫を考えることも、デザイン思考には要求されるということを意識しておくべきです。

　「アイデアの設計図を描く」というイメージでデザイン思考を捉えると、まず、誰のアイデアを設計するのか（デザイナーは誰か）を決める必要があります。そして、そのアイデアが、ある程度固まっているのか、全く何もない状態から始めるのか、を確認します。後者の状態であれば、材料探しから始めることになります。また、デザイナーの置かれている状況が、緊急を要するのか否か、牽引者としての意見を求められているのか、助言者としての意見を求められているのか、によっても設計図の内容は異なってくるはずです。さらに、デザイナーが抜本的な変革を目指すのか、軌道の修正を目指すのか、という方向性が示されていなければなりません。「アイデアの設計図を描く」と言っても、デザイナーの属性、状態、状況によって、デザインのスタートライン、要する時間、影響力は変わってくるということです。デザイナーは、この認識を明確にした上で、適切な手法を選択し、設計図を描きます。

　デザイン思考は、米国スタンフォード大学の機械工学科で、社会関係に基づく「ものづくり」ができるエンジニアを養成するために、カリキュラム化されましたが、全てのマーケターがそれを忠実に履修する必要はありません。人間を相手にする事業者の多くは、すでにデザイン思考を日常的に体得しているからです。しかし、同大学でカリキュラム化されたデザイン思考の体系を知っておくことは、議論の仕方に共通理解を生み出します。本章では、まず、デザイナーの属性、状態、状況（マインドセット）を明確にしておく必要性を指摘し、デザインを描き、展開させていくための手法（スキルセット）を紹介します。次いで、対象を捉えるために必要とされる思考の次元について説明し、最後にデザイン思考によって導かれた結果を出力する際のポイントを学習します。

1-1 デザイナーの属性、状態、状況を明確にしておく必要性

デザイン思考では、マインドセットとスキルセットが重要になります(廣田、2022)[2]。大雑把に言ってしまえば、「誰が」「どうやって」考えをまとめるか、ということです。この「誰が」の部分がマインドセットにあたるわけですが、デザイン思考に限らず、あらゆる活動は、自己分析からスタートすると考えていて間違いはありません。

デザイナーには個性があります。それは、性や年齢に始まり、社会経済的な職業、職階、年収等、さらには、主義、思想、趣味、特技、経験等によって形成されます(図1-1)。こうしたデザイナーの個性が、マインドセットの基盤となりますが、堅持する必要はありません。発想を転換するにしても元の発想が何を基礎に生まれたものであるかが分かっていないと、転換しようがないということです。

マインドセットには、思考の方向性も含まれます。上を目指すのか、現状を維持するのか、減速するのか、ということですが、これによって思考に対する積極性が変化しないように注意しなければいけません。また、思考の視点が内側からなのか、外側からなのかといったデザイナーの位置決めも重要になってきます。最後に、思考の対象に対して、積極的に働きかけるのか、受け入れていくのかといった姿勢の確認も重要です。個性同様、いずれもそれに囚われる必要はありませんが、最初に確認しておくことで、修正の理由が明確になり、マインドセットをより意識した議論を可能にします。

デザイナーは以上の事項を組み合わせ、あるいは重要視する事項を決めて、何をテーマにしてどこまで掘り下げるかという思考の目標を設定します。ただし、思考の結果を主張するのではなく、オーナー(消費者)に提案するのであれば、その要望を最優先で目標に取り込む必要があります。つまり、デザイン思考とは、デザインを提示するためのSTP(セグメンテーション、ターゲティング、ポジショニング)であり、マインドセットはそのポジショニングに位置づけられます。

1-2 デザインを描き、展開させていくための手法

スキルセットは、マインドセットによって設定された目標に向けて思考をデザインし、展開させていくための思考ツールの組合せで、前述の「どうやって」の部分にあたります。方法論が確立している思考ツールは、インターネットでも詳しく紹介されています。馴染みがあるものでは、まちづくり等のワークショップで行われることが多いKJ法を挙げることができます。KJ法は、設定された目標(課題)に対する自分の考えを思いつくままに単語や短文にして付箋紙に書き、それを大判の模造紙に貼り付けながら、考えの断片をグルーピングし、各グループの相互関係を明らかにすることによって、ばらばらだった思考を整理(ブレインストーミング)するための思考ツールの一つです。

デザイン思考は、「人間中心」のフレームワークで「ものづくり」(ユーザー目線での「ものづくり」)を考えるために考案されました。そのため、帰結は常に形ある「物」であるかのように説明され、共感→定義→着想→試行というプロセスに従うことが定番になっていますが、人間の感性、思い、希望、不安等から生まれた発想を重要視するというデザイン思考のコアを常に意識していれば、スキルセットをもっと柔軟に捉えても構わないと考えます。観光商品を造成する場合、見聞きした事実を材料にして、旅行者の心を動かす場所のイメージを作りあげることが目標になりますから、例えば、上記のプロセスを、発見→抽出→創出→検証と読み替えてスキルセットを構成した方が全体の流れが分かりやすくなります(図1-2)。感情の起伏をグラフ化する感情曲線や対象者が置かれている環境下での彼/彼女の思考、感情を描く共感マップは、通常、「共感」するための思考ツールとして用いられますが、このスキルセットを採用するのであれば、観光のポイントを「抽出」するための思考ツールとして活用されることになります。また、SWOT、JOB、6ハットといった異なる視点による状況把握からのアイデアの「創出」をスキルセットの中核に据えるにしても、そこからの矢印を一本に限定する必要はありません。

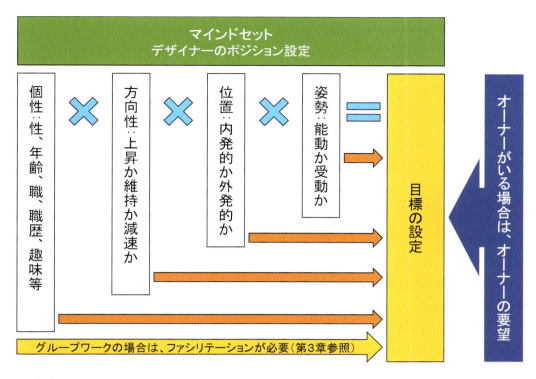

図1-1　マインドセットによる目標の設定

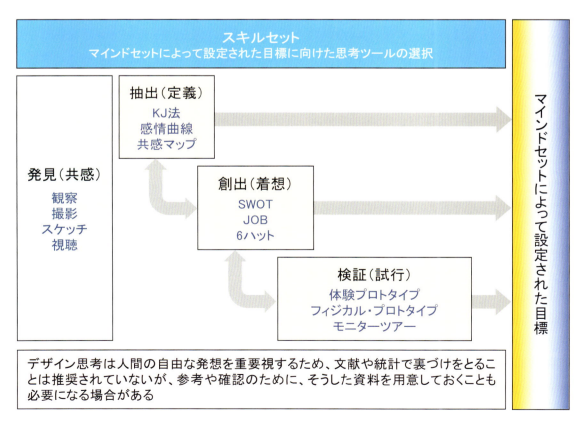

図1-2　観光商品造成のためのスキルセット

1-3　対象を捉えるために必要な思考の次元

　マインドセットの節においてに、思考の方向性について述べました。上を目指すのか、現状を維持するのか、減速するのか、という方向性は、同時に二つを選択できないので、マインドセットの確認時においてはそれで十分です。しかしながら、スキルセットにおいては、現状を観察し、理解する以下の3つの次元を使い分け、立体的な思考を心がけることが必要になります。

　一つ目は、ロジカル・シンキング（論理的思考）です（**図1-3**）。ロジカル・シンキングは、事象が生じた背景や理由を探り、各事象の関連性から全体の構造を明らかにしようとする思考で、一般性や法則性に依拠した「説明」になるため、科学論文等で現状を捉える際によく採用されます。論理を積み上げていくような流れになるため、垂直思考とも呼ばれます。二つ目は、クリティカル・シンキング（批判的思考）です。クリティカル・シンキングは、事象が抱える課題や問題点を抽出し、その根幹を探る思考で、事象発生の論理自体を否定する場合もあります。科学論文等では、課題解決策を提案する際によく採用されます。言い換えれば、事象間の関連性や全体の構造の歪みを指摘する思考と言えます。

　三つ目は、ラテラル・シンキングです。水平思考と訳すべきですが、前二つとの比較を考えて、ここでは多角的思考と呼びます。ラテラル・シンキングは、固定観念を捨て、複数の視点から事象を捉えて選択肢を増やす思考です。一般性や法則性よりも、人間の感性や直感から生まれる発想を優先し、多様な可能性を考えるため、デザイン思考のスキルセットにおける中核的な思考の次元となっています。長所短所と時勢の視点から選択肢を提示するSWOTや客観、想像、肯定、否定、感情、計画の視点から意見を言い合う6ハット等は、ラテラル・シンキングによる代表的な思考ツールです。一つの帰結を導くのではなく、次の議論のテーマを明確にする思考であり、それをロジカル・シンキングやクリティカル・シンキングで絞り込んでいくようなイメージで捉えていくことが、立体的な思考に繋がります。

1-4　デザイン思考によって導かれた結果の出力

　ここまで述べてきたように、デザイン思考は、考えを整理し、進むべき道を見つけるのに有効ですが、それを主張しなければならない場合やオーナーの要望に合わせて（オーナーの代わりに）整理した考えを説明しなければならない場合も少なくありません。つまり、多くの場合、デザイン思考によって導かれた結果の出力、プレゼンテーションがデザイン思考の最終作業になります。

　「人間中心」のデザイン思考は、実態の把握から目標の達成まで、関わる人間の感覚、感性の下で進められるので、各プロセスにおける作業結果を直感的に捉えられるようにまとめることは容易です。むしろ、そうなるような思考の整理が求められます。プレゼンテーションで言えば、スライドは既に出来上がっている状態ですが、最大の課題は、様々な視点から立体的に議論された結果（スライド）を紙芝居風に一列に並べなければならないということです。スライドの順番とスライド間の連結に関する説明が報告内容（思考結果）の訴求力に大きく影響します。また、求められる訴求力は、「次回」が許される中間報告なのか、報告内容が評価されるコンペなのか、報告母体が評価されるプロポーザルなのかで異なります。これらの課題に対処するためには、特性要因図（フィッシュボーン）の活用が有効です。

　特性要因図は、発生している問題の原因を特定するために考案されたものですが、一つの帰結に集約される様々な要因を順序立てて整理するフレームワークを活用すると、立体的なデジタル思考をプレゼンテーションの直線的な流れに転換しやすくなります（**図1-4**）。スキルセットで行われた並列的な思考や逆説的な思考を特性要因図に落とし込むためには、同図の形状に合わせて、各思考ツールにおける検討結果の中から報告の結論に直結するものを選択する必要があります。その際に、組み込む検討結果の内容と相互関連の説明を考えて並び変えられた順番がスライド番号となります。もちろん、結論に直結する検討結果が聴衆に分かりやすく伝わるように、スライドは修正されなければいけません。

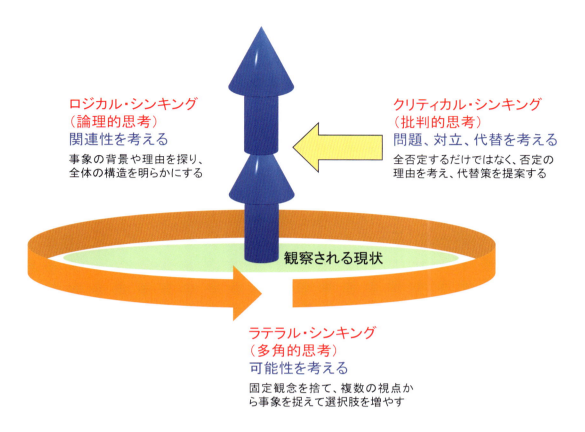

図1-3　対象の捉える三つの思考次元

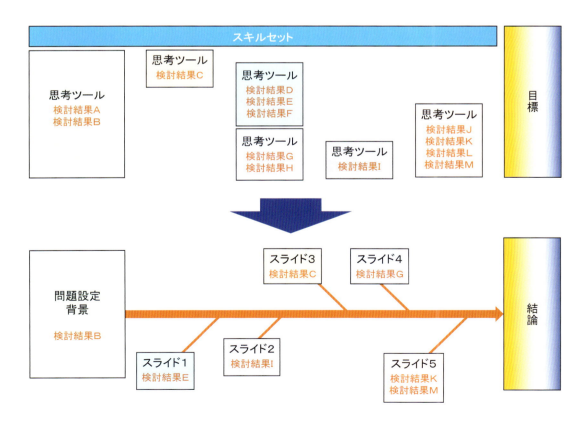

図1-4　スキルセットから特性要因図への転換

《第1回　ワークシート》

1. 本講義の理解

・本章で言う「デザイン」とは何ですか。

_____

_____

_____

・「マインドセット」とは何ですか。

_____

_____

_____

・ラテラル・シンキングの特徴を 100 字以内で説明してください。

2. 講義内容に関する疑問

_____

_____

_____

・グループ内での検討

_____

_____

_____

・講師の回答

_____

_____

_____

3. グループ・ディスカッションの課題「6ハット」

現在暮らしている町の観光施策について、客観、想像、肯定、否定、感情、計画の視点から意見を出し合い、どの視点からの意見が出にくかったか、それはなぜか、についてまとめてください。

_____

_____

_____

_____

_____

_____

第2章　リーダーシップ論

多様なリーダーシップ論

　正直なところ、筆者は自身にリーダーシップがあるとは思っていません。研究は一人でやるものだと教えられてきましたし、専門家の助言や住民の協力を仰ぐことはあっても、研究の遂行にリーダーシップの有無は関係ありませんでした。自分で計画し、自身を鼓舞し、自分のペースで作業できたからです。しかしながら、勤務歴が長くなると、否が応でも組織の運営に首を突っ込むことになります。また、研究の規模が大きくなり、役割を他者と分担しないと研究の目的を達成できなくなってきました。学生指導も、若いうちは友達感覚の方が受けが良いのですが、いつしか彼らから「指導教員」として認められなければ学生がついてこなくなりました。何よりも、リーダーシップやコミュニケーション力のある人材を育成、輩出することが大学の責務に加えられたことで、リーダーシップのない筆者が、2000年代後半頃からリーダーシップについて勉強するようになり、リーダーを育成する、という難題に取り組んでいます。

　立ち向かう課題が大きくなるほど、人はそれに集団で対応しようとするので、集団を束ねる「リーダー」が必要になります。もちろん、全員がリーダーになる必要はないので、リーダーシップのない人は集団の一員になれないということはありません。むしろ、リーダーシップのある人が少ない方がまとまりは良くなります。ただし、自分たちの進路を委ねるリーダーを選出、評価、信用するためには、リーダーシップに対する理解を深めておく必要がありますし、リーダーは意識的にそれを高めていかなければなりません。そこで問題になるのが、「リーダーシップとは何か？」です。

　リーダーシップ論が多様になっているのは、この問いに対する統一された見解がないためです。リーダーの特性を整理する「特性理論」においても、彼らの行動を整理する「行動理論」においても、リーダーを必要とする集団の特性から求められるリーダーを示す「条件適合理論」においても、最終的に導かれるリーダー像は、成功実績を残したリーダーの英雄譚です。時代、状況、集団のメンバーを同じにして、異なるリーダーで結果を比較することはできません。時代、状況、集団のメンバーによって、求められるリーダー像やリーダーに求められる能力は異なるという言い方もできます。いずれにしても、能力の評価は、結果に基づくものであることを考えれば、リーダーになるべき人がその人の運命のようにあらかじめ決まっていると考えるのは論理的ではないように感じます。

　もちろん、これは既存のリーダーシップ論の成果を否定するものではありません。リーダーシップの定義に対する多様な見解は、リーダーを評価するためには多角的な視点が必要であることを意味していますし、それぞれの理論が指摘する「素養」をリーダーを形成する要素として捉えれば、鍛錬や学習の対象を絞り込みやすくなります。そもそも完全無欠な人間など存在しないのですから、パーフェクトなリーダーを育成したり、目指したりすることはできません。リーダーにおいても適材適所の考えは有効であり、課題に合わせてリーダーを差し替えるくらいの柔軟性を持って、リーダーシップを議論することが重要だと思います。例えば、経営者（マネージャー）とリーダーが担うべき役割に着目すれば、求められる能力が類似していても、経営者像、リーダー像を互いに分けてイメージできるはずです。

　そこで、本章では、まず、その立ち位置に注目して経営者とリーダーを比較し、統一された見解がないリーダーシップについて考えます。その上で、「特性理論」および「行動理論」を簡単に紹介し、最後に、「条件適合理論」に基づき、二つの場面で経営者とリーダーの役割を担う可能性がある観光地経営人材が注意しなければならない点について言及したいと思います。

2-1 経営者とリーダーの違い

　敢えて経営者とリーダーを分ける必要はないという意見もあるでしょうが、大雑把に、事業を立ち上げて経営が軌道に乗っている方を「経営者」、その経営者に部門の長を任されている方を「リーダー」とすれば、経営者は事業の経営を維持するために大局を客観的に見て、全体を揺るぎなく管理して社員の信頼を得ることを優先します（図2-1a）。一方、リーダーは、指示された業務に集中し、部下と一緒に忙しく試行錯誤を繰り返すことになるので、経営者と部下からの評価をバランスよく高めていくことが彼の優先事項になります。結果、経営者は自らのビジョンを下に伝え、全体を管理する役割が主になりますし、リーダーは指示された目標に向かって部下を誘い、牽引していく役割を担います（図2-1b）。ただし、経営者も変革を目指さなければならない時代ですから、経営者がリーダーを兼ねる場合も多くあります。経営全体の抜本的な変革が必要な場合に、より大きな権限と責任を有するCEO（最高経営責任者）を置くのはこのためです。

　このように、どういった立場で何を目指すのかによって、優先事項や役割が変わってくるので、思考もそれに対応させていく必要があります。左脳の大脳新皮質をA、左脳の大脳辺縁系をB、右脳の大脳辺縁系をC、右脳の大脳新皮質をDとし、それぞれが掌る思考を示すハーマンモデルを使って、経営者を経営者（創始者）と経営者（継承者）に分け、起業家とリーダーを加えた四者に必要な思考プロセスを整理してみると、状況を客観的に捉えて高みを目指す経営者（創始者）と人間関係を重視して業務に取り組むリーダーは、A＞C、A＜Cの関係はあるにせよ、対角の関係にある思考を併せ持つ必要がありそうです（図2-1c）[1]。これに対し、直感と創造力で事業を起こそうとする起業家や計画的に堅実な経営を行おうとする経営者（継承者）は、リーダーの思考を持ちやすい領域にいますが、高みを目指して全体を牽引していこうとするのであれば、D→A、B→Aへの思考の切替えが必要になります。

2-2 「特性理論」によるリーダー像

　リーダーシップ論は、1930年代頃から特性理論を起点に議論されるようになりました。特性理論は、優れたリーダーの特徴は先天的に決まっており、生来の個性（身体的特徴、性格）によって成り立っているという理論ですが、パーソナリティ（後天的なものも含めた人格）に対する研究が1990年代から盛んになると、リーダーシップをパーソナリティから捉える特性理論の研究が再燃しました。

　パーソナリティによる特性理論の研究は、Goldberg（1990）のビッグ5理論に基づく研究に代表されます[2]。ビッグ5理論とは、Agreeableness（協調性）、Openness（開放性）、Conscientiousness（誠実性）、Extraversion（外向性）、Neuroticism（神経症的傾向）の5因子（ビッグ5）によってパーソナリティが構成されているとする理論です（図2-2）。リーダーシップとビッグ5との関係を明らかにするために、Judge et al.（2003）は、過去に行われた73の分析結果を用いてメタ分析を行い[3]、ビッグ5は単体では、Extraversionがリーダーシップと関連が深いが、ビッグ5によって構成された人格においては、Conscientiousnessが最も強くリーダーシップに作用することを指摘しました。しかし、同時に、組織の目的やメンバーの年齢によって両者の関係を表す数値が変わってくることも指摘されています。パーソナリティ研究は、計量的手法が採用されるので、結果が明瞭で、差異も理解しやすいのが特徴です。これがパーソナリティ研究の進展と共に特性理論の研究が再燃した原因です。

　所属する組織で自分が果たさなければならない役割と自身のパーソナリティとの関連性について確認したいのであれば、米国ギャラップ社のクリフトンストレングス（旧クリフトンストレングス・ファインダー）等の診断テストを受けてみるのも良いでしょう[4]。詳細な診断結果には驚かされますが、そもそも人格を数値化することができるのか、という問題が残ります。パーソナリティ研究は、この部分の共通理解が前提となるので、そこに疑問を持つ人には受け入れられにくいと思われます。

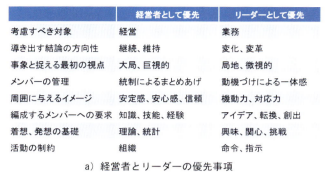
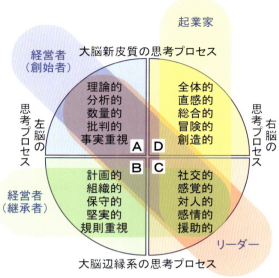
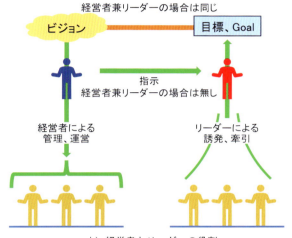

a) 経営者とリーダーの優先事項

b) 経営者とリーダーの役割

c) 立場によって変わる思考プロセス
資料：ハーマン(1996)[1]

図2-1　立場による行動、思考の違い

ビッグ5

- **Agreeableness**：同調性、共感、配慮、思いやりの程度
- **Extraversion**：社交性、積極性、活発性、コミュニケーション能力の程度
- **Openness**：環境や情報に対する好奇心、想像力、感受性、創造性、親和性の程度
- **Neuroticism**：緊張や不安、ストレスが精神や身体の健康に与える負の影響の程度
- **Conscientiousness**：自制心、良心、達成力、責任感の程度

資料：Goldberg(1990)[2]

クリフトンストレングス（旧クリフトンストレングス・ファインダー）

実行力の資質	影響力の資質	人間関係構築力の資質	戦略的思考力の資質
アレンジ	活発性	運命思考	学習欲
回復志向	競争性	共感性	原点思考
規律性	コミュニケーション	個別化	収集心
公平性	最上志向	親密性	戦略性
慎重さ	自我	成長促進	着想
信念	自己確信	親和性	内省
責任感	社交性	適応性	分析思考
達成欲	司令性	包含	未来志向
目標志向		ポジティブ	

177組の質問に回答すると、上記34の資質の中から上位資質（トップ10ないしはトップ5）が示される

資料：ギャラップ社HP[4]

図2-2　ビッグ5とクリフトンストレングス

2-3 「行動理論」によるリーダーの成長

　リーダーシップ論における行動理論とは、そのための特質を持った者のみが優れたリーダーになるのではなく、行動によって組織やグループの能力を高めることができる者が優れたリーダーになれるという考え方です。そうであれば、学習によってリーダーが成長することも可能です。以下では、三隅(1966)のPM理論を用いて、リーダーの成長について考えて行きたいと思います。[5]

　リーダーは「作業」を「集団」で行う際の長ですから、その行動は大きく「目標達成」と「集団維持」に分けられます。PM理論は、前者を目標達成機能(Performance function)、後者を集団維持機能(Maintenance function)とし、両機能の強弱の組合せによって、リーダーの行動を四つの型(pm型、Pm型、pM型、PM型)に分け、彼らを評価します(**図2-3**)。これに、学習による成長の概念を加えると、個人の職歴や学歴等から、スタート地点は様々になるでしょうが、各自PM型を目指して学習を繰り返すことになりますし、それができない方は、良いリーダーにはなれず、ドロップアウトして行きます。また、成長の仕方も右上がりの直線で示されるものばかりではなく、合理的思考が強く、生産性の高い方はPm型に寄った軌跡を描くでしょうし、人への関心が高く、統率力のある方はpM型に寄った軌跡を描くでしょう。いずれにしても、伸ばせる能力から先に伸ばしていかなければ、総合的な能力値はなかなか上がりません。pm型にいる時間が長くなるほど、自身のモチベーションを維持しにくくなりますし、何よりも周りがついてこなくなります。リーダー育成に関しても同様のことが言えます。育成を兼ねてリーダーを選出しても、例えば、Pm型に進むであろう人材に、協調が重要になる社風改善のようなテーマを与えてしまうと、人材は育成されないし、目標も達成されないでしょう。

　このようにまとめると、行動理論もリーダーの属性や性格に少なからず影響されることが分かります。行動理論は特性理論を否定するものではなく、その上に成り立つ理論と考えることができます。

2-4 「条件適合理論」による観光地経営の注意点

　条件適合理論は、行動理論によって理論的に説明される優れたリーダーの行動は、現場の環境(環境条件)に応じて使い分けることで効果を発揮するという考え方です。現在のリーダーシップ研究の多くは、この環境条件の捉え方に関わる議論とも言えますが、総じて、どういった立場で何を目指すのかによって思考もそれに対応させていく必要があるというところから始まります。

　ここでは、観光地経営を環境条件とし、1事業所の経営者(Manager)でありながら、観光地を牽引するリーダー(Leader)にもなる観光地経営人材(以下、M&L)が採るべきリーダーシップ行動を考えます。観光地経営の中核になる事業所を「コア事業所」と呼ぶと、コア事業所が一定水準のマネジメントを達成している中で、観光地経営がスタートするので(コア事業所のマネジメント>観光地内連携の成熟度)、M&Lは自社で通用してきたリーダーシップを基に観光地内の他の事業所を説得し、メンバー(参画事業所)を募ります(**図2-4**)。M&Lは、これ以降、異なる二つの環境の中で活動することになります。

　観光地内の活動において、M&Lは、自社文化の中で認められてきたリーダーシップを修正しなければならない必要性が生まれます。しかし、観光地内の連携が整い、観光地全体としての活動に自社の活動を同調させていく際に(コア事業所のマネジメント=観光地内連携の成熟度)、自社内の会議に観光地内の活動で用いたリーダーシップを持ち込む必要はありません。環境条件に合わせたリーダーシップ行動の使い分けです。ただし、一度効果が確認されたリーダーシップでも、それで固定されるとは限りません。観光地全体の活動を拡大していく段階に入れば(コア事業所のマネジメント<観光地内連携の成熟度)、観光地内においては、より堅固で発展的なパートナーシップを構築するために、事業所内においては、観光地全体の活動を基礎にした自社活動の変革のために、それぞれのリーダーシップを修正しなければなりません。環境条件の変化に合わせたリーダーシップ行動の変移ということです。

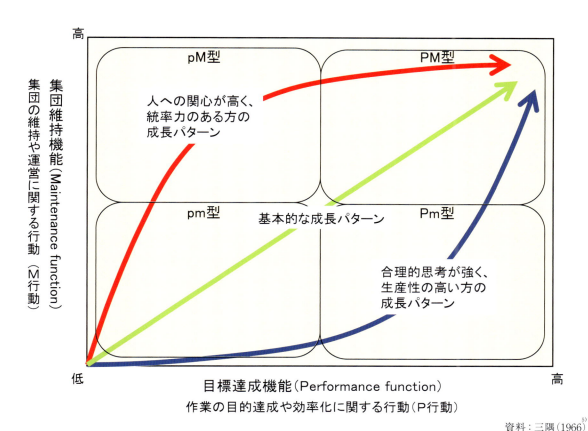

図2-3 PM理論に基づくリーダーの成長パターン

資料：三隅（1966）[5]

コア事業所のマネジメント ＞ 観光地内連携の成熟度

観光地経営人材で構成されるグループ
　リーダー（コア事業所）：自社のリーダーシップを基に観光地内の他の事業所を説得
　メンバー（参画事業所）：状況を理解し、グループに参加

コア事業所のマネジメント ＝ 観光地内連携の成熟度

事業所としての意思決定（事業所のマネジメント）
　経営者：事業所の活動と観光地全体の活動との同調
　社　員：同調の意義を理解して協力、活動

コア事業所のマネジメント ＜ 観光地内連携の成熟度

観光地経営人材で構成されるグループ
　リーダー（コア事業所）：協調性を高め、より堅固で発展的なパートナーシップを構築
　メンバー（参画事業所）：意見交換、同等の役割分担等による協働

事業所としての意思決定（事業所のマネジメント）
　経営者：観光地全体の活動を基礎にした活動の変革
　社　員：求められる変革のための発案、創出

観光地内
事業所内

図2-4　「条件適合理論」に基づく観光地経営人材の行動

《第2回　ワークシート》

1. 本講義の理解

・リーダーシップ論における「特性理論」とは何ですか。

_____

_____

_____

・リーダーシップ論における「行動理論」とは何ですか。

_____

_____

_____

・経営者とリーダーの違いを100字以内で説明してください。

2. 講義内容に関する疑問

_____

_____

_____

・グループ内での検討

_____

_____

_____

・講師の回答

_____

_____

_____

3. グループ・ディスカッションの課題「観光地経営におけるリーダーシップ」

観光地経営におけるリーダーシップについて話し合い、求められる人物像を具体的に示してください。加えて、自分に欠けているものは何かを指摘してください。

_____

_____

_____

_____

_____

第3章 ファシリテーション技法

■ リーダーとファシリテーター

　facilitate には、「容易にする」、「促進する」といった訳語があてられますが、そこには「刺激を与えて」さらには「連動させて」といった意味が含まれることがあります。本書で取り上げるファシリテーション（facilitation）は、「グループのメンバーがそれぞれの考えを出し合うことを容易にすること」ですが、facilitate に含まれる意味を頭の片隅に置いておくと良いでしょう。

　組織やそれを取り巻く環境がどんどん複雑になっている現代社会において、ファシリテーションによる組織の意思決定は不可欠なものとなっています。カリスマ的なリーダーが直感によって判断することもあると思いますが、多角的な視点から複数の人が意見を出し合い、議論する中で辿り着いた結論の説得力は、仮に結論の実践が失敗に終わっても「納得」に繋がりますし、次期の議論への動機を作り出します。ただし、直面している問題に対する解決策を素早く提示することだけが、ファシリテーションの目標ではありません。「策を決定する」という目標以外にも、「自己啓発」、「知識の蓄積（教育、学習）」「現状の認知」、「アイデアの創造」、「将来の予測」等、グループの構成員が意見を出し合うことで、個々の整理や理解が深まること、それによってグループ全体の整理や理解が進むこと（知的相互作用の促進）の全てが目標になりえます。また、ファシリテーションにかける時間も、30分程度で済まさなければならない場合もあれば、1〜2年の時間を要する場合もあります。

　このように考えると、ファシリテーションを行う以前に、議論のテーマと目標の設定が必要だということが分かります。さらに言えば、そのグループに与えられた権限と時間等の制約から、議論しても有効な結果が得られないと判断される場合や、他のグループと合同で、逆にグループを細分化して議論した方が良いと判断される場合があります。ファシリテーションの基本は「協調」ですが、事前の判断や準備については、「個人的な判断」が必要になります。アプリケーションの環境設定にあたる事項を集団で議論していては人材や時間を有効に活用することができなくなりますし、グループ構成員のモチベーションを維持するためにも、すぐに議論を始められるように環境を整えておくことは重要です。

　ファシリテーションを行うファシリテーターは、上記の「個人的な判断」を行う役割を担います。組織のマネージャーやグループのリーダーがファシリテーターになるのが理想ですが、組織が巨大化したり、担当する業務が多様化していく中で、議論すべきテーマは増え続けるので、一人で複数のファシリテーションを行うことになります。ファシリテーションは、ファシリテーター自身のテーマに対する理解度を高め、自らを育てることにもなるので、アントレプレナーシップやリーダーシップの醸成にも繋がりますが、その負荷が本務の遂行を阻害する場合もあります。マネージャーやリーダーは、自分だけで多くのファシリテーションを抱え込まないよう、テーマに応じて臨機応変にファシリテーターを任すことができる人材を育成しておく必要があります。また、ミーティング・マネジメントという言葉も既に使われ始めていますが、ファシリテーターには、テーマの重複や長時間化を避け、ファシリテーションの成果を効率的に組織に取り込んでいくために、他の議論の内容や進捗を把握できるアンテナを用意しておくことが求められます。一方で、組織は、議論したという事実を積み上げるためだけにグループを乱立させ、時間と労力を浪費することは絶対に避けなければなりません。

　本章では、ファシリテーションに必要な準備を確認した後、テーマに応じたファシリテーションの型を「垂直的」と「水平的」に分けて説明し、最後にオンラインでのファシリテーションで考慮すべき事項を整理してみたいと思います。

3-1 ファシリテーターに求められる作業

　ファシリテーションを行うためには、事前準備が必要です。事前準備のうち、環境整備は、場所の用意、日時調整、事前連絡等なので幾分単純ですが、メンバーの選定から始めるのであれば、相応の時間を要します（図3-1）。次に、与えられる時間、権限や議論に至るまでの経緯について確認します。メンバーの個性、関連するグループの議論の進捗状況等についても、可能な限り把握しておく方がファシリテーションを進めやすくなります。しかし、事前準備において最も重要なのは、ファシリテーター自身の「何のために議論するのか」という意識の確認です。一つは組織のための議論の意義づけで、もう一つは自身のための議論の意義づけです。いずれもモチベーションの確保とまとめられます。

　ファシリテーション本体（議論の進め方）については、次節以降で説明しますが、ファシリテーターは、事前準備において確認した情報をメンバーに説明し、グループのマインドセットを明示します。個人のマインドセットを用意して議論に参加する意欲的なメンバーがいるかもしれませんが、まず最初にグループの姿勢を明示しておかないと、メンバーの意見が分散してしまい、それらをまとめることができなくなってしまいます。個人のマインドセットを否定するわけではないが、最終的には、グループとしての見解を示さなければならないという意図を理解してもらうために、筆者は、それができなかった時の失敗談を議論を始める前のアイス・ブレイクにしています。

　事後整理は、メンバーや組織への報告になります。議論が複数回になる場合は記録の整理も必要になるでしょう。報告書は書式を決めておくと時間を短縮できますし、それに改良を重ねていくと完成度も高くなります。確認事項としては、全体の見直しや次回の課題になります。次の機会が与えられた際に試してみたいことをメモしておくのも良いと思います。事前準備のモチベーションに対応することも重要です。是非、自身を讃えてください。ポジティブな反省を次の機会に活かしていくべきです。

3-2 ファシリテーションの基本的な進め方

　ファシリテーションにおける最初のフェーズは、問題の解決、現状の認知、アイデアの創造等のテーマの下で、何をどこまで進めるかという「目標の設定」です（図3-2）。しかしながら、まちづくりの会合等ではよくあることですが、議論するテーマが未定の場合があります。その場合は、グループのマインドセットから議論するテーマを定めます。また、議論するテーマが決まっていれば、前節で述べたように、それをマインドセットに組み込みます。目標は理想ではなく、当該グループが最大限努力して実際に導き出すことができる帰結を設定しますから、帰結を提示する期限や議論の回数に大きく左右されます。ファシリテーターの慎重な判断が問われるフェーズと言えます。

　第2のフェーズは「共有」です。ファシリテーションは、メンバーの忌憚のない発言を容易にすることが重要ですから、対立意見で一部のメンバーが萎縮してしまわないように注意して、意見やコメントを出し合い、全員の意識を共有します。質問によって理解を深めることは有効ですが、メンバー全員が全体を把握できるまで討論は避けます。ただし、ファシリテーターは、次の「調整」のフェーズではグループ内の意見をまとめ、その次の「帰結」のフェーズでは結論を出さなければならないので、想定される討論を先読みしておく必要があります。ファシリテーターは議論の進行を先読みし、帰結を予想しながら、全体を誘導していかなければなりません。先読みは新しい意見が出るたびに塗り替えられますが、説得力のある意見や帰結を言い当てるような意見が提示された場合には、内容を掘り下げる質問や評価するコメントを投げかけることで、メンバーに印象付け、討論の際に、中心に据えやすくするような工夫が求められます。なお、先読みや誘導に重要になるのが記録です。書記や機械による記録と併せて、メンバーのちょっとした態度の変化や言い回し等に関して、ファシリテーター自身が書き留める「気づきのメモ」が円滑な進行に効果を発揮することもあります。

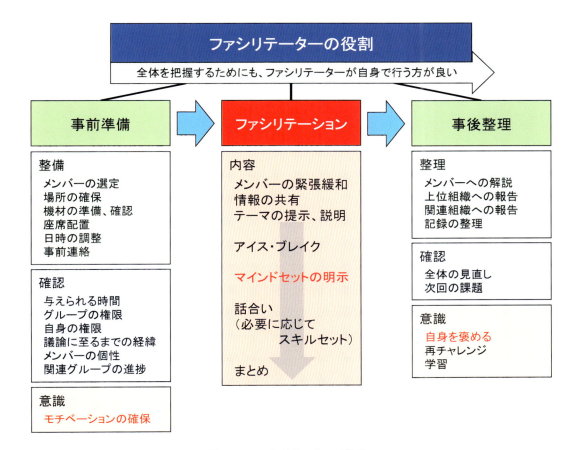

図3-1　ファシリテーターの役割

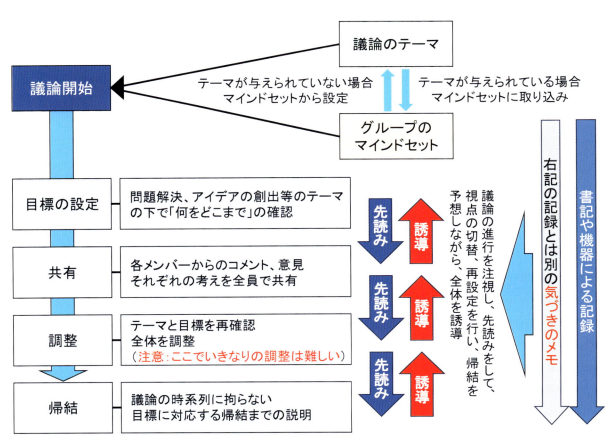

図3-2　ファシリテーションの基本的な進め方

3-3 変容型ファシリテーションの必要性

カヘン(2021)は、ファシリテーションを、メンバーの意見を取り込んで、それを絞り込んでいく垂直型ファシリテーション(以下、垂直型)と、メンバーの意見を整え、比較し、共感できるものを磨き上げていく水平型ファシリテーション(以下、水平型)に分け、両者を行き来する変容型ファシリテーションの有効性を指摘しています(図3-3)[1]。垂直型は、ロジカル・シンキングを基本にしつつ、意見の整理にはクリティカル・シンキングを用いる追求的思考に基づく進行になりますし、水平型はラテラル・シンキングによる多角的思考に基づく進行になります(第1章第3節参照)。

カヘンが指摘するように、垂直型は、意見をまとめ上げる際に、統合できない意見を無理矢理一本化してしまう傾向があり、帰結が単純になってしまうという問題点があります。対して、水平型は、意見を階層化せず、横並びの関係を重視するため、統一された意見を提示しようとすると議論が硬直化してしまうという問題点があります。そのため、垂直型は、明確な課題に対して一致団結して取り組むための策を提示するような場合に適していますし、水平型は、まちづくりの課題を抽出したり、山積する課題に対する効率的な役割分担を提案するような場合に適しています。しかしながら、そもそもファシリテーションに厳格な取決めやルールがあるわけではないので、ファシリテーターは、これまでも意識／無意識に関係なく両者を使い分けてきたようにも思えます。

ただし、ファシリテーターがそれぞれの特徴を知っていれば、議論の進行を設計しやすくなることは確かです。さらに、課題もそれを取り巻く環境も多様化している現代社会においては、ファシリテーションの参加者から出てくる意見も当然多様になりますから、初めから、それらの全てを同じ次元で捉えることはできないと考えておくべきです。状況によっては、一つの課題に対する意見を追求的思考と多角的思考の両面から整理しなければならなくなるような場面が生まれるということです。

3-4 オンラインでのファシリテーション

COVID-19のパンデミック以降、在宅勤務が増え、オンラインによる会議や打ち合わせが一般化しました。そのため、ファシリテーションもオンラインに対応する必要が生じています。

オンラインで議論を行う最大のメリットは、移動が不要になるということです。移動が不要になることで、手軽さが生まれますし、開始終了時間を設定する自由度も広がるので、参加者数が増えます。何よりも、遠方からの参加や障がい者の参加が期待できます。他のメリットとしては、PCのモニターを操作する感覚で資料を提示、説明できる点が挙げられます。プロジェクタを使用するよりも鮮明な地図、動画を提示できますし、デジタル化している資料であれば、その場で配布できます。また、記録を録って、後日配信することも容易です。オンラインは、大勢の聴衆を前にした解説から始める議論に適していると言えます。

一方、デメリットは参加者の反応を読み取りにくい点に終始します。参加者の積極性が伝わらないので、ファシリテーターがそれを汲み取って、議論を展開させることができません。逆に、集中力を欠いた参加者の姿勢を正すことができません。こうしたデメリットを克服し、参加者相互の意見交換を促進するためには、通常のファシリテーションにはない作業を加える必要があります(図3-4)。まず、参加者名簿を作成します。それを事前に配布しておくと、参加者が全体のマインドセットをイメージし易くなります。次に、数人の協力者を募って、ファシリテーションのテーマや目標、進行の手順を伝えておきます。現場では、時間内に全員が発言できるだけの人数を収容する小部屋(チャット・ルーム)を開設し、その運営を協力者に任せます。ファシリテーターは彼らと連絡を取り合いながら、小部屋での発言を引き出します。その後、全員が大部屋(開始時画面)にもどり、協力者が各小部屋での議論を報告し、質疑応答や問いかけを通じて、ファシリテーターが全体を集約するという流れになります。

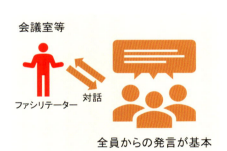

図3-3 変容型ファシリテーション

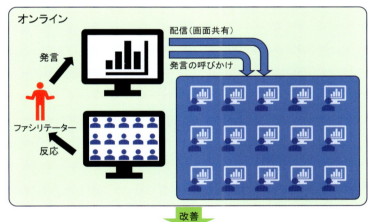

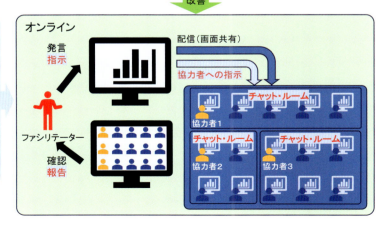

図3-4 オンラインでのファシリテーション

《第3回　ワークシート》

1．本講義の理解

・「ファシリテーション」とは何ですか。

_____

_____

_____

・本章で言う「先読み」とはどういうことですか。

_____

_____

_____

・変容型ファシリテーションの特徴を100字以内で説明してください。

2．講義内容に関する疑問

_____

_____

_____

・グループ内での検討

_____

_____

_____

・講師の回答

_____

_____

_____

3．グループ・ディスカッションの課題「オンラインでのファシリテーション」

実際に見聞きしたオンライン会議での失敗談、問題を出し合い、設営を含めたファシリテーターの作業によって、管理や対応が可能な点をまとめてください。

_____

_____

_____

_____

_____

_____

第4章　組織行動

マネジメントのためのマネジメント

　組織行動とは、組織の行動ではなく、組織を構成する人の行動を指します。そのため、ここで紹介するのは、心理学、社会学、行動科学といった学問分野で研究されている組織行動論という領域の理論やモデルです。組織は結局のところ人の集団ですから、組織の運営を考えるということは、個人の思考を調整してまとめあげるということを意味します。経営戦略を立て、マーケティングを企画し、実践するためには、それらを行う人を動かさなければいけません。組織行動の管理は、マネジメントのためのマネジメントということになります。

　とはいえ、組織行動論を学び、組織行動を理解すれば、経営者は従業員を「思いどおりに」動かすことができるというわけではありません。マニュアルを読んで機械を動かすのとは異なり、意思を持った人間を動かすためには、どういった形であれ、当人の「納得」が必要になります。経営者が、組織の合理化、効率化を進めるという意図を持って、従業員に指示した場合、当人は、組織に居たい、居る必要がある、居なければならないという組織との関係性（組織コミットメント）を維持するために、指示を受け入れようとするでしょう。しかしながら、組織コミットメントによる従業員の許容範囲は無限ではありません。経営者は、指示が、当人のモチベーションを高め、当人を中心とする水平的／垂直的な人間関係を良好に保つ、あるいは改善するものになるよう配慮しなければなりませんし、さらに、それを当人に分かってもらえなければ、「納得」は生まれません。組織コミットメントは個々に異なりますから、指示が複数の従業員に及ぶ場合は、その数だけの配慮が必要になります。理論は、経営者と従業員との合意形成を円滑に進めていく方法論の選択肢を増やすものと考えるべきです。

　一丸になれる組織を作ることができれば、組織一丸となって邁進する戦略の構築も容易になります。しかし、経営者が事を急ぎ、当該組織固有の文化の中で自身の価値観を常識と錯覚し、組織コミットメントに依存しながら、組織改革を推し進めることは非常に危険です。従業員のストレス（組織ストレス）は、身体的／精神的疾患を引き起こす以外にも、モチベーションの低下を招き、労働生産性を減退させます。また、従業員間の健全な意思疎通にも支障をきたすので、ストレス負荷の少ない従業員の業務にも影響し、組織全体の機能を長期間にわたって弱体化させてしまいます。経営者独自の価値観は経営者の個性として高く評価されることも多いと思いますが、組織改革を考える際には、社会一般の常識やその変化に敏感になり、自身の納得よりも他者の納得が重要であることを自覚すべきです。同時に、企業ストレスを無くすことはできないので、事前に企業カウンセラーを配置するといった対処策を講じておくことも必要です。従業員も、組織改革を否定的に受け入れるのではなく、肯定的に捉えていく方が組織ストレスは軽減されますし、モチベーションも高まります。また、経営者の意図を知り、提示された指示の意味を理解すれば、組織改革に自発的に協力する従業員も増えていくはずです。そのためには、経営者だけではなく、従業員も組織行動に関する理解を深めておく必要があります。これは、本書で紹介する管理技能全般に言えることでもあります。

　観光地全体を一つの組織として考える観光地経営においては、単一企業内の組織行動管理で行う作業の全てを実施することはできません。もちろん、自社の組織行動と合わせて考えると、組織行動論をより深く理解することができると思いますが、本章では、観光地経営に必須と思われる、モチベーション、合意形成、組織市民行動、組織学習を紹介したいと思います。特に、最後の組織学習は、観光地経営にとって極めて重要な活動になると考えています。

4-1 観光地経営人材の動機づけ

　観光地経営の基本的な主体は事業所ですが、当然、それは人間が行う様々な作業の帰結です。そのため、携わる人間（観光地経営人材）の動機づけが起点となり、原動力となります。ただし、観光地経営は各事業所に強制されるものではありませんから、いつでも参画を取りやめることが可能です。また、観光関連の事業所である以上、観光地の経営と自社の経営を同じ文脈の中で捉える事業所は多いでしょうが、自社経営の延長線上に観光地経営を見る場合がほとんどで、観光地経営の延長線上に自社経営を見ることができる事業所は少ないはずです。理論的、長期的に見れば、観光地経営を確立し、それを基にして事業所経営の安定化を図ることが最善の道だと思いますが、そのためには、観光地経営に携わる人間が永続的に維持できるモチベーションを持ち、膨らませていく必要があります。

　マズローが示した欲求ピラミッドの最上位に位置する自己実現欲求は、自分の能力を活かしてさらに成長したいという欲求で、尽きることがありません（マズロー、1970)[1]。同欲求を刺激するモチベーションが形成されれば、その永続化が可能になりますが、欲求ピラミッドの上位の欲求に対応するモチベーションを形づくるためには、職務特性理論で言うところの中心的職業次元を満たす仕事に就いている必要があります。観光地経営に事業所として参加する場合、当該事業所を代表する彼／彼女には、中核的職業次元を満たす仕事が与えられるでしょうし、それに対する意欲や責任は、彼／彼女の自己実現欲求を刺激する内発的な動機づけになります（図4-1)[2]。これに、社会的な注目、自治体からの信頼、地域アイデンティティの醸成といった外発的な動機づけが加わります。また、観光地経営という未知な領域での活動は、将来に対する期待からモチベーションが生まれるという期待理論でいうところの、目標達成の見込み（期待）、成果に対する報酬の魅力（誘意性）、次の目標への連続性（道具性）と結びつくので、活動の継続によって、徐々にモチベーションが醸成されていくという見方もできます。

4-2 観光地経営における合意形成

　観光地経営には立場が異なる様々な事業体や個人が参画するため、合意形成が不可欠になります。特に、自治体、事業所、住民は、それぞれ、行政による地域全体の活性化、自社の利益追求、観光による恩恵、という不変的なテーマの下で活動するため、相互の合意が得られないまま事が進むと、様々な問題や誤解が発生します。ただし、三者の主張は対立するものではなく、最終的には一致することも多いため、逆に、従前はあまり確認されてきませんでした。

　しかしながら、近年は、多くのニューツーリズムが提案され、オーバーツーリズムの問題も顕在化しています。それらに関する統計は整備中ですし、変革の中で過去の自社会計にも頼りにくくなっている上に、COVID-19のパンデミック以来、住民の観光に対する評価は厳しいものになっています。一般に観光地経営における「三方よし」とは、旅行者、事業者、地域を指し、サステナビリティを議論する場合は、経済、環境、社会を指しますが、観光地経営を行う組織の場合は、自治体、事業者、住民の三者と考えるべきでしょう。

　例えば、事業所Aは自社の利益優先の計画を提示し、自治体Bは観光地全体のPRを優先する計画を提示した場合、観光地全体を行政によって管理する自治体が補助金や施設建設を提案し、事業所がそれに意見する形で一応の合意に至ったとしても、事業所側には結果的に自治体の指示に従ったという思いが残り、それがその後のプロジェクト離れや責任逃れを引き起こします（図4-2)。ただし、観光地全体のPRを上手く活用すれば自社の利益に反映させられることを事業所に説明し、一方で、現場の声を聞かないとPRを成功させられないことを自治体に認識させられれば、双方のコンフリクト（わだかまり）をなくした協調による合意に至ることができるはずです。実際には、これに住民が加わり、協調はさらに複雑化するので、ネゴシエーターやアドバイザーとなる専門家が必要になります。

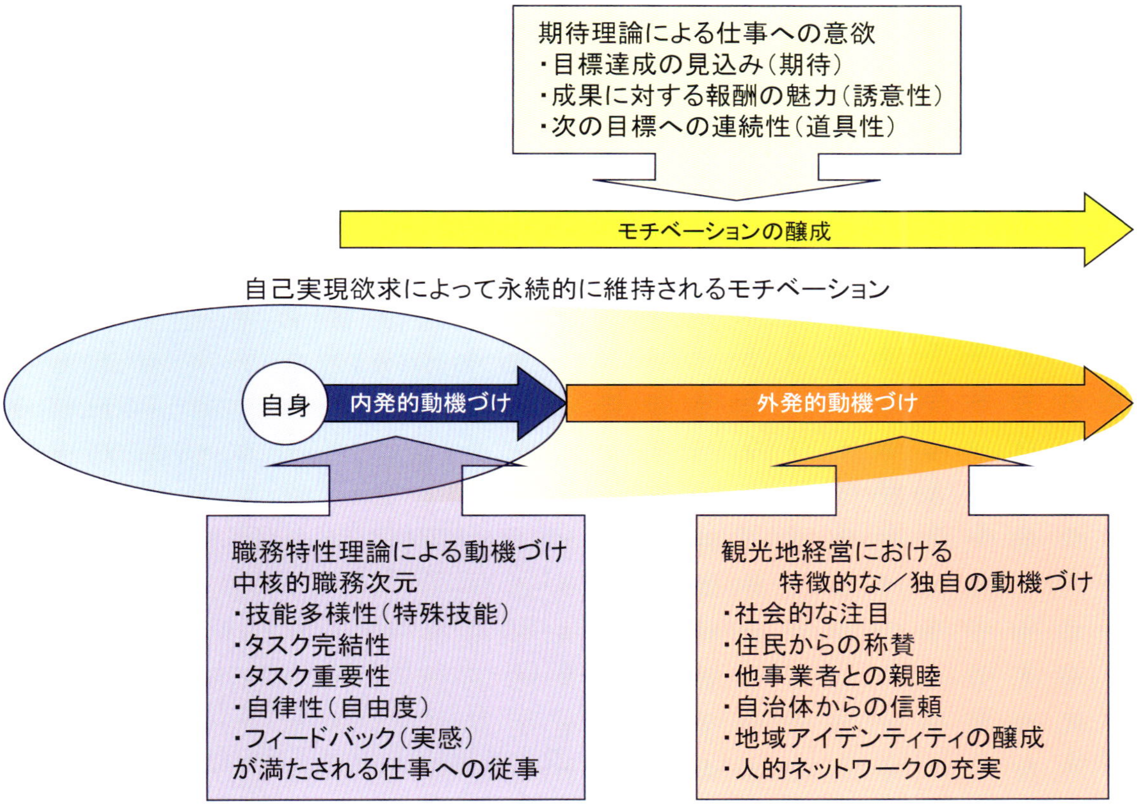

図 4-1　観光地経営人材のモチベーション

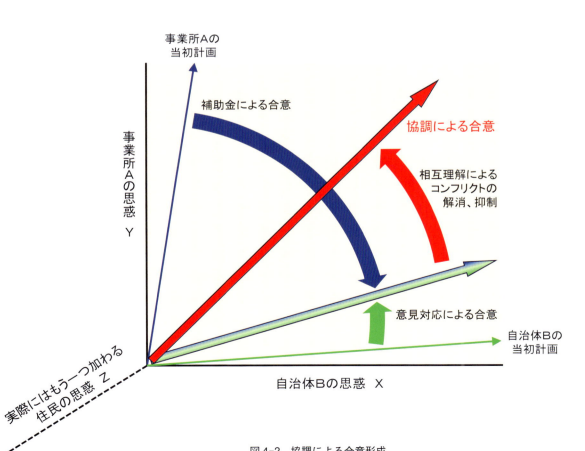

図 4-2　協調による合意形成

4-3 組織市民行動の必要性

　組織市民行動（Organizational Citizenship Behavior、以下、OCB）とは、組織構成員による組織の効果的機能の促進に貢献する様々な行動で、強制されたものではなく、正式な職務でもないものと定義されます（Organ, 1988)[3]。サービス残業等と混同しないためには、「職務規定を遵守しながら、自主的に」という文言も加えた方が良いかもしれません。

　田中（2000）は、Organが示したOCBを規定する5次元を日本の実状に照らして再考し、日本版の5次元を提示しました（**図4-3**)[4]。そこでは、「愛他主義」と「対人的援助」がほぼ一致するものの、現状を受け入れて最善を目指す「スポーツマンシップ」が「誠実さ」に組み込まれ、新たに「清潔さ」が抽出されています。いずれにしても、OCBによって、組織の各種機能の隙間部分が埋まっていくため、全体の生産性が少しずつ向上していくことが組織市民行動の重要な効果となります。ここで言う「隙間部分」は、恣意的に作られるものではなく、誰もが気づかないうちに生まれてしまうもので、OCBは経営者やリーダーに対する支援行動と言えます。OCBを行った個人には、正式な評価対象にはならないものの、評価者に好印象を与える効果が発生します。また、OCBの発現要因としては、職務への満足感、組織コミットメント、リーダーシップ、組織的公正に対する信用が挙げられます（原口、2019)[5]。

　観光地経営の場合、参画者はそれぞれに目標を持っていますから、OCBは全体の結束力強化に効果的に作用します。また、事業所の場合は、企業の社会的責任（Corporate Social Responsibility; CSR）と映る場合も多く、イメージアップにも繋がります。組織として行うOCBと組織の代表者が個人で行うOCBが発現することも観光地経営の特徴になりますが、性質上、自治体にOCBを期待することはできませんし、住民が個人で参画する場合はそれ自体がOCBになります。事業所が、自社の戦略から外れて、異業種への接近を二つのOCBから始められるような状況が理想的だと思われます。

4-4 組織学習の提案

　組織学習とは、組織構成員が持つ知識を組織全体で共有、活用し、組織の存続に結びつけていくプロセスです。構成員の学び（知識）が組織を成長させ、成長した組織で構成員が新たな学び（知識）を得るサイクルと言うこともできます。こうした時系列は、古参社員が新入社員を教育するという、従来の社内教育でも基本になってきたはずです。しかし、社会経済情勢が目まぐるしく変化し、遵守すべきルールも増え続けている昨今の状況においては、上記のプロセスやサイクルが一本の線や一つの円で示されるほど単純ではなくなってきています。特に、全体が俯瞰しにくい大企業や独立した複数の事業所によって構成される観光地経営では、組織が計画的に組織学習に取り組んでいく必要が生じています。

　大きな組織を変えていく仕組みは、経営者が著名なモデルを勉強し、それを理解するだけで、自然に生まれてくるものではありません。それが「勉強」であれば尚のことです。組織学習に取り組むことを宣言し、その姿勢を組織内に示した上で、制度的、物理的な学習の場（コミュニティ）を設置するくらいの「形」から始めることが必要です（**図4-4**)。また、取り組む構成員に対する業務上の配慮は不可欠です。学習法についても、様々なプログラムが提唱されていますが、当該組織がその時点で考えなければならないテーマに合わせた具体的な目標を設定し、目標達成に必要な知識を抽出、検討、共有、出力する学習プログラムを独自に開発することが望まれます。ここが知識の蓄積と更新を組織の成長に繋げるという組織学習のコアになります。なお、“検討”に時間をかけることで、“共有”の度合いは高まります。学習効果を深化させる方法は、「繰り返し」の一択しかありません。組織学習は永続的な作業ですから、ルーチン化は必須です。ここまでの学習は、クラシックなOn the Job Training（OJT）に対する**Off** the **Job Training**（Off-JT）となりますが、学習のための学習ではなく、実務のための学習であることを認識するためにも、成果を積極的にOJTに取り込み、現場で展開してみることが有効です。[6]

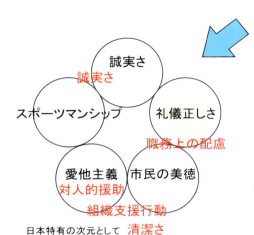

【田中(2000)の因子分析で取り込まれた項目(抜粋)】
第1因子：対人的援助
　多くの仕事を抱えている人の手助けをする
第2因子：誠実さ
　不必要に仕事の手を休めないよう心がける
　仕事上の些細なことに対して、不平を言わないようにする
第3因子：職務上の配慮
　仕事で間違いに気づいたらすぐにそれを正す
　一度受けた仕事は最後まで責任をもって実行する
第4因子：組織支援行動
　自分の会社が開催するイベントの情報を自主的に紹介する
　参加が義務づけられていなくても会社が主催する行事には参加する
第5因子：清潔さ
　職場では机はいつもきれいにし、汚さないように努める

【原口(2019)が指摘する組織市民行動の発現要因】
職務満足感
　労働環境、仕事内容、労働条件、人間関係等に対する満足感
組織コミットメント
　組織への信頼や愛着、報酬、契約に対応する責任感
リーダーシップ
　リーダーのサポートや配慮に対するメンバーの信頼感
組織的公正
　組織の資源配分、意思決定過程の公正性に対する信用

【組織市民行動の効果】
個々：正式な評価対象にはならないものの、好印象を与える
全体：結果的に組織全体の生産性を向上させる

資料：Organ(1988)[3]、田中(2000)[4]、原口恭彦(2019)[5]

図4-3　組織市民行動の次元、発現要因、効果

準備	学習法	深化	実践
基本： 組織として、組織学習に対する姿勢を明示 構成員の知識を組織で共有、活用して、組織の成長に役立てていくことを周知する	基本： 具体的な目標設定 テーマに合わせた具体的な目標設定が必要	基本： ルーチン化 期間、回数、日時を決めたセットを繰り返す	基本： Off-JTとOJTの特徴に応じた両者の使い分け Off-JTによる学習効果をOJTに持ち込み、定着を試みる
内容： ・制度的、物理的な「学習の場(コミュニティ)」を用意する ・知識の有る構成員を選考する ・知識の無い構成員を選考する ・両者のマッチング ・取り組む構成員に対する業務上の配慮	内容： 目標を達成するための知識の ・抽出 ・検討 　(比較、批判、関係) ・共有 ・出力 以上を組み合せて独自の学習プログラムを用意することが望ましい	内容： ・同じ内容をメンバーを(一部／全部)替えて繰り返す ・前セットの内容を継承し、次セットで展開する ・学習内容だけではなく、学習の進め方も記録し、継承する ・自発的なセットの新設や分離を推奨する	内容： ・学習の場(off-JT)で学んだ内容を現場(OJT)で実践する ・トレーニングとしてだけではなく、新制度や新商品として現場に反映させる ・学習のための学習ではなく、実務のための学習であることを認識し合うことが必要

図4-4　組織学習の提案

《第4回　ワークシート》

1. 本講義の理解

・「マネジメントのためのマネジメント」とはどういうことですか。

_____

_____

_____

・「組織市民行動」とは何ですか。

_____

_____

_____

・協調による合意を100字以内で説明してください。

<table>
<tr><td></td><td></td><td></td><td></td><td></td><td></td><td></td><td></td><td></td><td></td><td></td><td></td><td></td><td></td><td></td><td></td><td></td><td></td><td></td><td></td></tr>
<tr><td></td><td></td><td></td><td></td><td></td><td></td><td></td><td></td><td></td><td></td><td></td><td></td><td></td><td></td><td></td><td></td><td></td><td></td><td></td><td></td></tr>
<tr><td></td><td></td><td></td><td></td><td></td><td></td><td></td><td></td><td></td><td></td><td></td><td></td><td></td><td></td><td></td><td></td><td></td><td></td><td></td><td></td></tr>
<tr><td></td><td></td><td></td><td></td><td></td><td></td><td></td><td></td><td></td><td></td><td></td><td></td><td></td><td></td><td></td><td></td><td></td><td></td><td></td><td></td></tr>
</table>

2. 講義内容に関する疑問

_____

_____

_____

・グループ内での検討

_____

_____

_____

・講師の回答

_____

_____

_____

3. グループ・ディスカッションの課題「組織学習」

組織学習の過程について確認し合い、Off-JTの成果をOJTへの取り込む方法を、具体的な例を挙げながら提案してください。

_____

_____

_____

_____

_____

_____

第5章　危機管理

観光危機管理計画から「観光受容」のための危機管理へ

　企業経営は常に順風満帆なわけではありません。Λ字失速とＶ字回復の連続となる収益の変動を長期的に引き上げていくことが企業経営の基本になります。これは、企業経営がマクロ経済学で言うところの経済循環論に基づく経済成長に左右されるためですが、個々の企業の収益変動は、より短期的、直接的な個別事象によっても変化します。各企業は、失速の予兆を的確に察知し、負の影響をもたらす事象（危機: crisis）が生じた際には、できるだけ早く対処策を実施することで、損失を最小限にとどめ、回復の時期を早めて長期的な収益増を目指します。Arbel & Bargur(1980)は、観光産業におけるこうした危機管理のための計画モデルを、危機発現前の準備、危機発現直前の対処、危機発現直後の対処、の3段階に分けて提示しましたが[1]、観光庁が2022年にまとめた『観光危機管理計画等作成の「手引き」』（以下、『手引き』）では、危機発現によるリスク把握、危機発現を想定した用意、危機発現直後の対処に、危機収束後のフォローを加えた4段階の危機管理計画の作成を提案しています[2]。

　何を「危機」と見なすかについては、経済政策的な対処が必要になる金融危機を除けば、米国の場合はテロリズム、日本の場合は地震が挙げられてきましたが、近年においては、各国共通して感染症が挙げられることでしょう。いずれにしても、それぞれの危機の発現確率や発現した場合の被害規模等を勘案し、対処すべき危機に優先順位を付けながら、汎用性のある準備を心がける必要があります。また、危機管理計画立案の機運は、危機が実際に発現することで高まりますが、時間が経つにつれて低下していきます。よく言われることですが、危機管理は「危機は必ず発現する」という意識を持ち続けることが重要です。平常時におけるコスト管理を徹底し、危機のリスクをその発現による収益減とコスト増の二面から把握することで、現状において改善すべき点が見えてきますし、新たに設置すべき組織や役割、配置すべき人材、必要な物資も明らかになるはずです。組織内での連携強化も検討事項になるでしょう。これらを定期的に繰り返し、危機の発現を想定した予行演習を行うことが、意識の低下を防止する方策となります。また、危機が発現した際に、負の影響を受けないと考えられる地域や企業と相互支援の協定を締結しておくことも有効です。

　日本の危機管理体制は、1995年の阪神淡路大震災や2011年の東日本大震災で大きく前進しましたし、それらを忘れることができないほど自然災害による被害が頻発化、大規模化しているので、危機管理に対する意識が急速に低下するということはないように思われます。むしろ、従前の危機管理体制だけでは、COVID-19のパンデミックによる混乱に、ほとんど対応できなかったことは周知のことであり、境界が引けない危機に対応できる全国的な危機管理体制の構築が望まれています。さらに、観光においては、旅行者を受け入れるホストになるべき住民が、旅行者の行動に敏感になり、観光の是非が問われる問題にまで発展しました。観光のあり方については、パンデミック後のオーバーツーリズムも加わり、今後も議論されていくでしょうし、本書でも第7章で扱います。住民の意識を「危機」と呼ぶことには反論があるかもしれませんが、本章では、住民が観光を意識するようになったことを重視し、住民と旅行者との関係が「危機」的状況に陥ることを防止することも、観光地経営の安定した継続を目指す危機管理に含まれると考え、これを「観光受容」のための危機管理と呼ぶことにします。

　本章では、『手引き』によって作成される観光危機管理計画の特徴を説明した後、観光関連事業所の経営から見た危機管理を考えます。次に、パンデミックへの対応から危機管理を変革の中心に据えた旅行会社の事例を紹介し、最後に、「観光受容」のための危機管理を考えてみたいと思います。

5-1　観光危機管理計画の作成

まず、観光危機管理計画を構成する四つの大項目（4R）を確認しておきます。「減災対策（Reduction）」とは、危機による被害を可能な限り抑えるために、平常時において行う取り組みを指します。「危機対策（Readiness）」とは、危機が発現した際の対応のために、平常時に行っておく準備と用意を指します。これに対し、「危機対応（Response）」とは、発現する／した危機への直接的な対応で、「復興（Recovery）」とは、危機発現後に、観光の機能を発現前の水準にまで戻す復旧を足掛かりにして発生前よりも高い水準を目指す活動を指します。

通常、危機管理計画は、想定を超える危機が発現した場合の対応であり、個々の企業が考えておくものですが、観光危機管理計画の場合は、危機の発現によってどのような事態に陥ったとしても、旅行者の安全と安心を最優先で確保することを目的に、自治体と事業者の役割を分けて、観光地全体で作成されます（**図5-1**）[3]。結果、計画を実行する主体は多岐にわたることになるので、混乱が生じないように、当該観光地で発現する可能性がある危機をリストアップし、優先的に検討すべき危機を特定して、役割分担を決めます。被害想定も行いますが、想定された被害に対応するというよりは、それ以上の被害が出ても対応できるだけの準備をしておく、という基準、確認のために行われます。

観光危機管理計画は、観光地が危機に備えて準備しておくべきこと、危機に際してすべきことを明示するものであることは明らかですが、『手引き』では、ワークショップを開催することが推奨されています。つまり、同計画に記される事項は、意見の集約であって、厳密な計量、分析に基づく論理の帰結ではなく、意識の共有や役割の認知に重点が置かれています。過去に我々が経験した危機を省みても、初動時の混乱が被害を拡大させた例は少なくありません。組織と個人の複合体である観光地が一体になって活動するための意思統一を図る計画と言えます。

5-2　事業経営の安定、安泰のための危機管理

事業者は、危機の発現による損失を最小限に抑え、事業を存続させることを考えなければなりません。言わば、事業経営の安定と安泰を確保するための危機管理を考えた場合、事業者は、収益を低下させる被害を想定し、その対処策を事前に練っておくことが事業の早期立て直しに繋がります。

観光庁の『手引き』に沿って作成される観光危機管理計画においても、「復興」で事業の復旧、継続に関する事項が用意されていますが、そのための準備が「減災対策」、「危機対策」にありません。これは、被災状況に応じて復興計画や支援策が別に定められることになるので、危機の発現前に準備しておくことができないからです。しかし、事業所が、一刻も早く業務を再開しようとするのであれば、想定内の危機に対応する事業継続計画（Business Continuity Plan、以下、BCP）を策定しておく必要があります。とはいえ、危機が発現すれば、旅行者を最優先に考えることに変わりはありませんし、被害が甚大でBCPを発動する余裕がないかもしれません。観光危機管理計画⊃BCPのイメージです。

BCPの発動は、被害が想定の範囲内に収まった場合に限定されますが、そうであるからこそ、平常時における具体的かつ正確な被害想定と危機発現時において冷静に活動できるチームの編成が重要になってきます（**図5-2**）。危機が大規模で広域になるほど、観光地内の事業所間で編成する統括チームの重要性が高くなることは言うまでもありません。「減災対策」は、ライフラインの状態の把握、来訪、観光、通勤、調達ルートの脆弱性の把握、人流、物流の量的把握等から、迂回ルートや代替施設を検討します。統括チームが編成できていれば、連携して情報を共有することによって、負荷を軽減することができるでしょう。「危機対策」は、ルートや施設に対する被害の想定規模を段階的に示し、それに応じた対応を決めておくことや被害規模ごとの損失計算を行い、ファイナンスを検討しておくことが主な作業となります。加えて、業務停止期間中の活動や人員配置を決めておく必要もあります。

危機管理の段階		自治体	事業者
大項目	想定フェーズ	【旅行者の安全と安心を最優先で確保することが目的】 優先的に検討すべき危機の特定 危機対応のための役割分担	
減災対策	平常時 以降の活動を実現するための具体的な前提条件	インフラの強靱化 避難施設の整備 早期警戒情報の発信 早期帰宅、来訪中止 外国人対応に関する啓発	施設の強靱化 避難場所の確保
危機対策	平常時	「危機対応」の備え 訓練の実施	「危機対応」の備え 訓練の実施
危機対応	危機発現時 および 危機発現が間近に予想される時	危機対応体制の設置 情報収集と提供 旅行者の避難誘導、救護 旅行者への移動支援	危機対応体制の設置 情報収集と提供 旅行者の避難誘導、救護 旅行者への移動支援
復興	危機終息後 ～復興期 （危機発現直後も含む）	観光復興計画の策定 事業継続支援策の設定 情報発信と風評対策 復興プロモーション	事業復旧計画の策定 事業継続支援策の活用 営業再開活動 復興プロモーション

資料：観光庁HP[2]

図5-1　自治体向けと事業者向けの『観光危機管理計画等作成の「手引き」』の比較

危機管理の段階		タスク
大項目	想定フェーズ	【事業経営の安定と安泰を確保することが目的】 想定される被害の具体的かつ正確な把握 事業所内外に被害に対処する作業チームを編成
減災対策	平常時	ライフラインを洗い出し、状態を把握する 来訪、観光、通勤、調達ルートの脆弱性を把握する 各ルートの人流、物流を量的に把握する 迂回ルート、代替施設を検討する 観光地内で統括チームを編成し、情報を共有する
危機対策	平常時	被害の想定規模を段階的に示し、対応を決める 損失計算を行い、ファイナスンスを検討する 業務停止期間中の活動や人員配置を決める 事業所間で危機発現時の役割を決める
危機対応	危機発現時および 危機発現が間近に予想される時	事業所内外の被害状況を把握し、対応を実行する 業務続行、停止、休止とその期間を決定する 相互支援の実践
復興	危機終息後 ～復興期	避難、退避、修繕、清掃等、通常営業に向けた調整 復興を変革に結びつける新規事業の実施を検討する 統括チームでのプレイス・プロモーション

赤字：統括チームでの活動

図5-2　観光関連事業所の事業継続計画

5-3 危機管理を変革の中心に据えた HIS の新戦略

日本の大手旅行会社の一つである HIS は、2023 年末に同年 10 月期の連結決算を発表しました。それによれば、売上高は前年度比 76.4％増の 2,519 億円、営業利益は 14 億円で、4 年ぶりに黒字を達成しました（図 5-3-1）[4]。3 年連続の赤字決算の原因が COVID-19 のパンデミックにあることは明らかですが、パンデミックに対応できる危機管理計画を用意していた企業はおそらく存在しないでしょう。「起こるはずがない」事態に際し、HIS は事業規模を大幅に縮小し（図 5-3-2）、非旅行業に参入するなどの危機対応を行いました。大企業であるとはいえ、3 年という短期間で新規製品を新規市場に持ち込む多角化戦略（第 12 章第 3 節参照）で成果を上げ、復旧を後押しした背景には相応の出血があったはずですが、HIS の活動はパンデミック期における企業の危機対応として高く評価されると思います。

HIS は決算報告に併せ、復興を目指す新戦略（中期経営計画）をまとめました。新戦略では、グローバルネットワークの活用、生涯顧客の創造、業務効率化・コスト構造改革、旅行関連事業・非旅行関連事業の成長、M&A による成長、人材戦略といった六つのアクションプランが示され、ポートフォリオを再構築し[5]、旅行事業、旅行関連事業、非旅行事業の連続性を高めることで組織全体を強化する方向性が示されています（図 5-3-3）。旅行事業主体であった同社が、旅行関連事業、非旅行事業による多角化路線の継続を打ち出しており、2030 年度までに二つの事業を合わせた全事業に占める利益割合を 50％にする目標を掲げて機能的なリスク分散が図られているのが特徴です。この視点で見れば、グローバルネットワークの活用は空間的なリスク分散、生涯顧客の創造は時間的なリスク分散ですから、HIS の新戦略は 3D の危機管理が盛り込まれていると考えることができます。

HIS は、危機発現後の対応から復旧までの活動を基に生まれた危機管理計画を新たな戦略の中心に据えるという「変革のための危機管理」を実践していると言えるでしょう。

5-4 「観光受容」のための危機管理

"Hosts and Guests" を著した Smith（1989）は、余暇時間、自由裁量所得、地域の肯定的な承認、を観光を規定する 3 要素としています[6]。前二者は旅行者が用意しますが、地域の肯定的な承認は旅行の発着地となる地域がそれぞれに用意しなければなりません。一般に、この承認は住民が行うので、住民と旅行者との関係が悪化すれば、観光が成立しにくくなり、「観光受容」の危機が発現します。

住民と観光との関わりを考えてみると、住民は旅行者を受け入れる地域のホストである一方で、自らが旅行者になって他の地域に受け入れられるゲストにもなります（図 5-4）。つまり、彼らの観光に対する意識は、ホストとして旅行者を受け入れる当該地域での行動とゲストとして訪れる他地域での行動によって形成されますが、両者は互いに独立して作用しているわけではなく、ホストとしての行動とその時の印象が、ゲストとしての行動に反映されたり（お礼を言われて嬉しかった→お礼を言う）、ゲストとしての行動とその時の印象が、ホストとしての行動に反映されたりします（無礼をしてしまったが許された→無礼を許す）。自身が文字どおり「交流人口」になると言うことです。また、このループを「ホスピタリティのループ」と呼べば（以下、HL）、HL が繰り返されるほど、住民の「観光のあり方」に対する思考が活性化し、肯定的に塗り替えられていきます。これが、Smith が示した地域の肯定的な承認であり、それによって第三者である旅行者の観光が地域に認められることになります。

しかし、何らかのきっかけで HL が途切れてしまうと、思考は低迷し、外に出ることに対しても外から受け入れることに対しても壁が出来てしまい、「観光受容」の危機が発現します。つまり、「観光受容」のための危機管理は、住民に対する旅行促進と観光事業への参画要請による HL の構築、実践、再編を繰り返すことによって整備されると言えます。また、HL の途絶による被害を最小限に抑えるための減災対策として、異文化理解や観光倫理教育による観光リテラシーの向上を提案することができます。

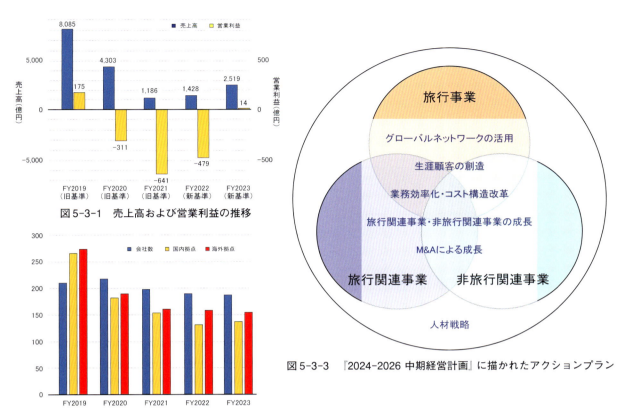

図5-3-1　売上高および営業利益の推移

図5-3-2　グループの会社数および拠点数の推移

図5-3-3　『2024-2026 中期経営計画』に描かれたアクションプラン

新基準：新収益認識基準、FY：10月期決算
資料：HISグループHP

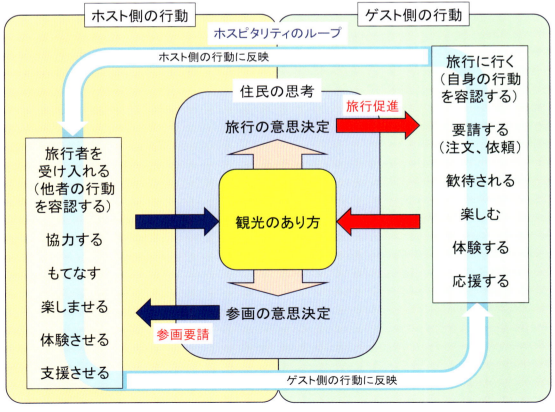

図5-4　観光受容のための危機管理

《第５回　ワークシート》

1．本講義の理解

・観光危機管理計画を構成する「4R」とは何ですか。

_____

_____

_____

・「生涯顧客」とは何ですか。

_____

_____

_____

・観光関連事業者が準備する事業継続計画の特徴を 100 字以内で説明してください。

2．講義内容に関する疑問

_____

_____

_____

・グループ内での検討

_____

_____

_____

・講師の回答

_____

_____

_____

3．グループ・ディスカッションの課題「「観光受容」の危機管理」

「ホスピタリティのループ」について話し合い、「観光受容」の危機管理を行うために、地域(自治体、事業所、住民)が進めておかなければならない準備を提案してください。

_____

_____

_____

_____

_____

_____

第6章 自己点検

自己点検の意味

「自己点検」と聞くと、「旅行業法」第12条5第3項、同法第30条第1項に基づく書面交付義務の遵守状況等を申告する『旅行業法遵守状況自己点検表』や旅行者に対する『旅行業安全確保状況自己点検表』を思い浮かべる方も多いのではないでしょうか。大学は、学校教育法第109条によって自己点検が義務づけられ、「政令で定める期間ごとに、文部科学大臣の認証を受けた者による評価を受ける」ことになっています。また、厚生労働省は、「医薬品、医療機器等の品質、有効性及び安全性の確保等に関する法律（医薬品医療機器等法）」の下で、GMP省令、GQP省令、GVP省令を公布し、医薬品等の製造及び製造販売後の品質管理、安全管理において自己点検を義務づけています[1]。

自己点検は、提供する商品やサービスの質保証を徹底する手段の一つです。業務として行っている以上、定められた社内外のルールに従い、完璧を目指すことは当然です。しかしながら、機械は一定の確率で不良品を作りますし、ミスをしない人間はいません。言い換えれば、設備投資をしても、人材育成をしても、ミスはなくならないということです。ミスをなくすためには、チェックする人間の目を増やすこと以外にはありません。そして、その最も適した人間とは、社内外のルールを理解し、機器を操作し、作業行程を熟知している現場の人間です。ミスをするかもしれない彼ら自身が、操作している機器や作業の内容をチェックすることが自己点検ということになります。ミスが直接生命に関わる医薬品の製造、販売において、特に自己点検が重視されているのも頷けます。なお、明確に定義づけされているわけではありませんが、自主点検といえば、住宅、自動車、家電等の所有者が自分でできるメンテナンスや自分でできない修理、修復箇所を未然に発見するための日常的な作業を指すことが多いようです。作業内容は似ていますが、商品やサービスの売手側が行うチェックではなく、買手側が行うチェックである点が大きく異なります。

自己点検の目的は、ミスをなくすことにありますが、その達成は容易ではありません。成果を上げるためには、自己点検を命じる者と自己点検を行う者が、自己点検が持つ別の効果を認識し、日常業務に活かすことが必要です。ここでいう「効果」とは、ミスがなくなることではなく、もっと実質的な効果を指します。もちろん、ミスがなくなることは重要なことですが、例えば、大学の場合、自己点検を命じる者が、独自の信念を持たずに、文部科学省からの指示に従うことだけに注力すると、仕組みは最初から形式になります。また、自己点検を命じられる者が、教育や研究の質保証と自己点検の内容との関係を理解していなければ、作業はチェック項目に印を付けるだけのルーチンワークとなり、それを教育や研究の精度に繋げていく発展性がなくなります。つまり、両者共に、ミスがなくなることによる効果を理解するだけではなく、本務の効率や生産性の向上に繋がる「効果」を見出さない限り、自己点検は形骸化し、時間と労力の浪費に終わってしまうでしょう。

一般に、経営者は、自己点検によって従業員の作業内容を正すという性悪説的な視点が基本になるのに対し、従業員は、自身が適正に作業を行っていることを示す性善説的な視点から自己点検を捉えようとするのではないかと思います。本章では、まず、『旅行業法遵守状況自己点検表』と『旅行業安全確保状況自己点検表』を取り上げ、その内容から自己点検を行う本来の目的を明らかにし、その活用方法を提案します。次に、自己点検が効果的とされるコンプライアンスの周知と徹底について考えます。後半は、経営者が性悪説的な視点から提示する自己点検の効果を説明した後、従業員が性善説的な視点から自己点検に臨んだ際に生まれる効果を紹介します。

6-1 『旅行業法遵守状況自己点検表』と『旅行業安全確保状況自己点検表』の意味

『旅行業法遵守状況自己点検表』(以下、『遵守点検』)は、旅行業法の遵守事項を自社内で確認していること、旅行者を除く取引相手に取引の内容を書面で明らかにしていること、の点検です。『旅行業安全確保状況自己点検表』(以下、『確保点検』)は、旅行者に安全、安心な旅行を保証していること、それを自社内で確認していること、の点検です。旅行業者、旅行業代理業者および旅行サービス手配業者(以下、旅行業者)には、毎年、これらの表の提出が依頼され、結果は2年間保管する必要があります。

東京都を例にとって、旅行業者が行う点検の内容を整理してみると、『遵守点検』の内容は、登録された正規事業者が行う日常の業務そのものであり、点検結果は毎年「ほぼ」同じになることが予想されます(図6-1)。また、『確保点検』は、『遵守点検』の「緊急時対応」と一部重複し、それに海外危険情報と貸切バス利用に関する点検事項が加わりますが、「よほどのこと」がない限り、こちらも同じ点検結果になることが予想されます。それにもかかわらず、毎年の点検を行い、結果を2年間保管する必要があるのは、旅行業者は旅行業法の遵守と旅行者の安全、安心に責任を持つという意識を喚起するためです。また、当たり前のように思われる事項を毎年点検し前年と比較することで、上記の「ほぼ」や「よほどのこと」に気づきやすくなるので、変化やミスに対する早期の対処が可能になります。

『確保点検』において、海外危機情報や貸切バス利用が安全確保の点検事項になっているのは、それらが大きな事故に繋がるためです。しかしながら、国内で発生する災害、テロ、感染症も旅行者の安全、安心を脅かすものになりますし、移動手段が多様化したり、様々な乗り物がアクティビティで使われたりしている昨今の状況を鑑みれば、貸切バスへの注意だけでは不十分です。依頼される自己点検の内容を参考にして、独自の自己点検表を作成することも、危機の発現による混乱を低減する危機管理や問題が発生した場合の経済的損失等に対するリスク回避に有効であると考えられます。

6-2 コンプライアンスに対する自己点検

Compliance の訳語は遵守ですが、我々が日常耳にする「コンプライアンス」は、法令の遵守はもちろん、社内規範や社会規範に従い、公平で公正な業務を行うことまでを指します。

例えば、パワーハラスメント(以下、パワハラ)は、2020年6月に改正された「労働施策の総合的な推進並びに労働者の雇用の安定及び職業生活の充実等に関する法律(労働施策総合推進法、通称パワハラ防止法)」の下で法的に規定されるようになりましたが、法律に抵触しない行為であっても恐怖や圧迫感を感じる場面は少なくありませんから、社風や企業文化に合わせた当該企業独自の社内規範が作られます。さらに、法令を遵守し、社内規範の枠内で活動していても、取引企業やお客様からパワハラと見られてしまうのは会社にとってマイナスですし、そうした社会規範の中で生活している社員は、社内規範に従う会社の活動によって苦痛を感じることもあります。社内外から公平で公正な業務を行なっていると判断されるためには、最も曖昧だけれども、最も社会に認知される社会規範に従ってパワハラに対する理解や認識を共有し、そこから導かれる判断基準に基づいて活動する必要があります。

ただし、社会規範に則った判断基準を当該企業全体が認める形で最初から定めるのは簡単なことではありません。社員A、B、Cに、同じ内容のコンプライアンス研修を受けさせた場合、厳密に定められている法令の内容は、時間をかければ三者同様の理解に至りますが、社風を考慮して策定した社内規範や社会一般の感覚によって構成される社会規範の内容に関しては、企業文化へのこだわりや社会への質的及び量的な接点がそれぞれに異なるので、理解は三者三様になります(図6-2)。このような状況に際し、当該企業が求める基準に対する自己点検を繰り返し、各自が自らの思考や行動を修正していけば、ばらばらだった理解を徐々に統一していくことが可能になります。公平、公正な業務に向けて、法令→社内規範→社会規範と段階的に目標を高めていくのが現実的な行程になるのではないでしょうか。

旅行業法遵守状況自己点検表の大項目（東京都）	内容			目的
1. 標識の掲示等	取引相手に	身元、料金、活動内容を	明示する	法規の遵守に加え、顧客の誤解を無くし、安心させる
2. 営業所で選任されている旅行業務取扱管理者	取引相手に	自社を	保証する	
3. 証明書の交付と提示等	取引相手に	担当者を	保証する	
4. 企画旅行を実施する場合	取引相手に	サービス内容を	保障する	
5. 旅行契約を締結する場合	相互に	契約内容を	確認する	
6. 緊急時の対応等	自社が	緊急時の対応を	確認する	危機管理
7. 旅行業法に基づく観光庁への届出	自社と	監督官庁との連絡を	確認する	
8. 禁止事項への関与等	自社の	活動が他者の不利益を生む可能性を	検討、確認する	法規の遵守
9. 所属する旅行業者代理業者の営業の適正確保（所属する旅行業者代理業者がある場合）	自社の	連携業務の正当性を	確認する	
旅行業安全確保状況自己点検表の大項目（東京都）				
1. 連絡体制の整備	自社が	緊急時の連絡体制を	確認する	情報伝達
2. 海外危険情報等の伝達	自社が／旅行者に	海外の状況を正確かつ十分に	把握し、説明する	状況把握、説明
3. 貸切バスを利用した旅行の安全確保	自社が／相互に	貸切バスの安全性を契約の内容を	確保し、確認する	安全確保、責任の所在

- 点検する事業者は、旅行業法の遵守や旅行者の安心、安全に責任を持つことを常に意識しなければならない
- 海外危機情報や貸切バス利用が安全確保の点検事項になっているのは、大きな事変や事故に繋がるためである
- 法令による点検の内容や作業を、国内危機状況の伝達や貸切バス以外の乗物を利用した場合の安全確保等、自社内での点検に活かすことが望まれる

- 何らかの問題が生じ、その責任が問われた場合の経済的損失、信用の失墜は、甚大なものとなる
- 自己点検は、危機管理やリスク回避を考える機会として捉えた方が良い

資料：東京産業労働局HP[2]

図6-1　旅行業法遵守状況自己点検表および旅行業安全確保状況自己点検表の意味

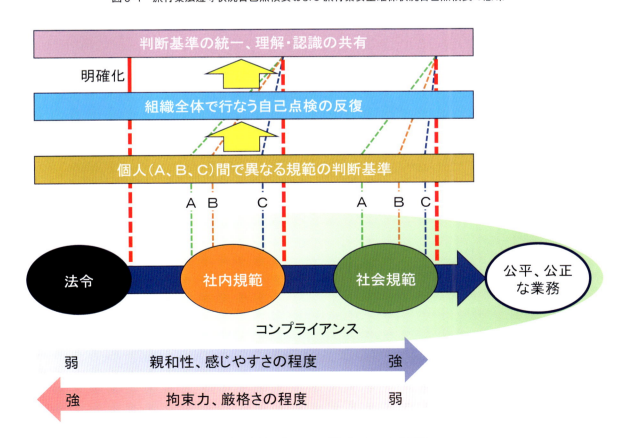

図6-2　自己点検によるコンプライアンスの意思統一

6-3 性悪説的な視点からの自己点検

　ミスが発生する可能性を、「確認する」ことによって、できるだけ低く抑えることが自己点検の目的ですが、前節のコンプライアンスの例のように、反復することで、自己点検を組織の意思統一や全体の底上げに繋げていくことができます。

　組織のマネージャーは、常にビジョンに近づくための具体的な目標を持っています。この目標を確実に（ミスなく）達成する上で組織全体に対して「ここまではやってほしい」という水準を、組織構成員に求め、内部統制に繋げていく方策の一つとして、「言わなければやらないだろう」という性悪説的な視点からの自己点検があります。組織のマネージャーを企業の経営者と考えれば、組織構成員は従業員ということになります。雇用している従業員の知識、技能は様々で、それに応じた仕事が割り当てられているはずです。そのため、ここでいう水準とは、経営者が提示する目標に対する理解や目標を達成しようとする意欲に関するものになります。目標に対する理解や意欲（以下、意識）も当然個人差がありますが、こちらは会社全体で統一し、引き上げていかなければなりません。

　目標に対する意識がばらばらな従業員Ａ、Ｂ、Ｃ、Ｄ、Ｅ、Ｆを雇用しているとした場合、経営者は、従業員の意識を誤解なく判定することはできないので、自己点検で自身を診断させます（**図6-3**）。まず、要求する水準が最も低い自己点検①によって、意識が低いことを自覚した従業員に改善を呼びかけます。点検結果を提出させ、Ｅ、Ｆを呼び出して指導するという方法もありますが、点検結果を記名して提出させると、評価を気にするバイアスがかかりますし、Ｅ、Ｆのような従業員がたくさんいる場合は現実的ではありません。そのため、①を反復し、全体で改善が見られた場合には、②、③と要求する水準を上げていきます。それによって、従業員は経営者が望む水準を見つけやすくなるので、当初は誰も到達していなかった④の自己点検を通して、⑤を目指すことができるようになります。

6-4 性善説的な視点からの自己点検

　組織のマネージャーが、性悪説的な視点から内部統制を目的に行う自己点検に対し、組織の構成員であれば「言わなくてもやってくれるだろう」という性善説的な視点からの自己点検も考えられます。

　前節で提示した例を再び用いると、経営者が目指す目標とずれてしまわないように、予め経営者が望む水準は提示されている必要がありますが、性善説的自己点検は、従業員達の意思で行われるべきです。その目的は、提示された水準に対して、今の自分達が到達できる水準を探すことになります。また、性悪説的自己点検と同様な理由から、性善説的自己点検も無記名で集計され、全体の点検結果が社内で共有されるでしょうが、それは、ここまでの意識しか持てないという自己反省的なものではなく、ここまでの意識を持って頑張っているという肯定的な主張ないしはアピールとして報告されます。従業員達が、次の点検ではもっと高い水準に至っていることを希望し、自らを改善して、高みを目指すようになることが理想です。部署ごとに点検を行う、あるいは、達成できる水準の高さによって分けたグループごとに点検を行う等の工夫が彼ら自身から生まれることが望まれます（**図6-4**）。仕事の目的や目指す水準を共有することで相互補完的な支援が生まれやすくなり、部署やグループの底上げが容易になるからです。つまり、自己点検は、相対的に意識が低い従業員が自分でも支援できることを見つけるために、相対的に意識が高い従業員には自分の未達成な部分を見つけるために実施されます。これらはいずれも、従業員が現状の自分をありのままに受け入れるということです。性善説的自己点検の反復は、従業員の自己肯定感を高める効果があると言えます。

　こうした自己点検が、有効に作用するためには、それが組織構成員から自主的に行われるだけの環境が用意されていることが条件になります。その環境とは、仕事が正当に評価されていること、縦横の人間関係が良好であること等に基づく組織やマネージャーへの信頼と信奉です。

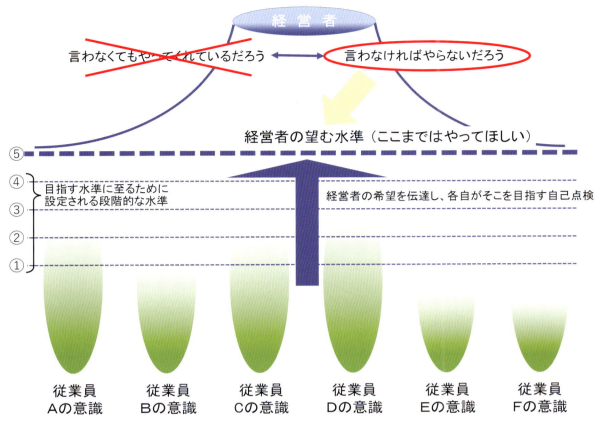

図6-3 内部統制のための自己点検

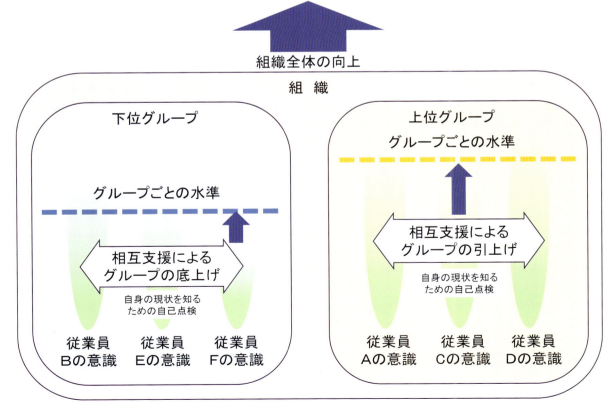

図6-4 性善説的視点による自己点検の工夫

《第6回　ワークシート》

1. 本講義の理解

・「旅行業法遵守状況自己点検表」とは何ですか。

・「コンプライアンス」とは何ですか。

・自己点検の目的を100字以内でまとめてください。

2. 講義内容に関する疑問

・グループ内での検討

・講師の回答

3. グループ・ディスカッションの課題「性悪説的視点と性善説的視点」

企業の社会的責任（CSR）に対して、性悪説的視点と性善説的視点による自己点検のどちらかを行う場合、検討すべき課題や成果にどのような差異が生まれるのか議論してください。

第7章　観光倫理

観光がもたらす問題

　観光倫理を倫理学的に定義すると、非常に難しい話になるので、技術倫理、医療倫理、教育倫理等、一般によく使われる用語の内容から判断すると、単純に「観光のあり方」となります。明快ですが、技術者、医療関係者、教育者が考える倫理とは異なり、観光は「こう」あるべきと考える主体が多様すぎて「こう」の部分が定まらないことが、「観光倫理」という言葉が使われることはあっても、統一的な見解が示されてこなかった要因と思われます。

　薬師寺(2019)は、"観光とは本質的には快楽主義的かつ新植民地主義的性格があり、観光者は「レジャー的帝国主義」に加担することになる。快楽の追求は植民地支配的、また不平等的状態にある世界を征服することによって成り立つとも言える"(原文)と述べています[1]。上の記載は、世界中で発生する国際観光を対象にしていること、全ての観光がそうした様相を呈していると断定しているわけではないことに注意しなければなりませんが、「観光関係者は、経済的格差を利用して、興味の実践による満足の追求を、売買契約の名の下に(料金を払っているのだから、利益を得るのだからという理由で)正当化している」と読み替えることができます。正当化された観光が、現状において、人権侵害、犯罪、環境破壊等の問題を引き起こしていることは事実です。観光を重要な産業と捉え、発展させていこうと考えている我々は、観光倫理に関する議論に積極的に参加していく必要があります。

　観光倫理の具体的な事案については、世界観光機関(UN Tourism、旧UNWTO)が、『子ども買春防止のための旅行・観光業界行動倫理規範』を1998年に策定し、全ての観光関係者が考慮すべき倫理的事項として『世界観光倫理憲章』を1999年に示したこと[2]で、かなり明確になりました(宮本、2016)[3]。さらに、世界観光機関は、2004年に世界観光倫理憲章の解釈、適用、評価を実施する目的で世界観光倫理委員会を設立しています。同委員会の設立は、対象が明確になったとはいえ、観光がもたらす問題には善悪を判断しにくいものが多いということ、善悪を判断できても対処策が一様でないことを意味しています。例えば、貧困に喘ぐ住民が、現金収入を得るために、森林を伐採して旅行者を受け入れる施設を作る行為は、貧困解消の観点からは「善」となりますし、経済活動として成立しますが、環境保護の観点からは「悪」と判断されるでしょう。そして、ここが一番重要な点ですが、一連の現象は旅行者が訪れることによって発生するということです。これに人権侵害や犯罪が加わる可能性も付加して考えると、観光という行為自体を禁止、廃止するという極論にもなりかねません。

　しかしながら、観光がもたらす、癒し、休養、交流、学習は人間の生活には不可欠です。また、デジタル化が進展している現代社会にあっても、人の移動が不要な産業はまだ少なく、旅行無しに経済が動くことはありません。そのため、仮に行楽目的の旅行者を排除できたとしても、他の旅行者の行為が同様な問題を引き起こします。つまり、問題の根源を残しながら、そこから派生する問題を個々に解消、改善していくしかありません。そして、それらの問題の多くが人間の行き過ぎた行為に起因していることを考えれば、旅行者、住民を含めた観光関係者の共通理解を観光倫理教育によって達成することが、現時点において考えられる最善の方策になろうかと思われます。

　日本では、COVID-19によって旅行者が消え、移動制限の緩和と共に、旅行者が急増した結果、旅行者は来なければ困るが、たくさん来すぎても困る、といった状況を多くの人が体験し、観光倫理について考える機会が増えています。本章では、『世界観光倫理憲章』の内容を整理した後、健全な観光とオーバーツーリズムについて考え、最後に、旅行による観光倫理教育を提案してみたいと思います。

7-1 『世界観光倫理憲章』

　『世界観光倫理憲章』は、チリ共和国のサンティアゴ市で1999年に開催された世界観光機関総会において採択、宣言されました。前文最後に記された同憲章の目的は、「観光する権利及び観光客の移動の自由が確認され、開かれ自由化された国際経済の文脈の中で、社会のあらゆる部門によりその利益が共有される、公平で責任のある持続可能な世界観光の秩序を促進する」こととされています。[4]

　世界観光倫理憲章は、10の条文によって構成されています（図7-1）。その内容を見ると、第1、2条は、交流や理解が必要な「観光客と住民」との関係において取り組むべき課題が記されており、第3、4、5条は、観光開発、観光資源、観光地域における指針が示され、「観光地」のあり方が述べられています。また、第6、7、8条では、「国、事業者と観光客」との間で発生する権利と義務がまとめられており、第9条においては「事業者と労働者」の権利が取り上げられています。一般に、観光が語られる際は、国、事業者、観光客、住民というステークホルダー間の関係が対象になる場合が多いと思いますが、観光地で働く労働者の存在にも目を向ける必要があります。最終第10条では、観光の発展に関わる全てのステークホルダーが協調して同憲章を実施する必要性が説かれており、世界観光倫理委員会の役割も示されています。なお、同憲章は国際観光を対象にしているので、国が観光行政の主体として描かれていますが、国内観光の場合はそこに自治体も含まれると考えてよいでしょう。

　世界倫理憲章に法的な拘束力はありませんが、まさに、観光のあるべき姿を謳っています。観光倫理に関する議論が国連で行われるようになったのは、観光がもたらす問題が累積し、それらが地球規模で話し合わなければならないほどに肥大化したからです。我々は、売買契約を交わした観光であったとしても、それに関わる全てを自由にできるというわけではなく、満足の追求には常に責任が伴い、その影響は買手と売手の関係を大きく越えたところにまで波及することを強く認識する必要があります。

7-2 健全な観光

　世界観光倫理憲章は、その目的にも明記されているように、観光する権利及び観光客の移動の自由が確認されていることが前提になっています。実際、同憲章において、観光客の義務らしき記載があるのは第1条で、観光客は、観光開発の利害関係者と共に、移動先の社会・文化的な伝統、並びに、少数民族や先住民族を含む全ての人々の習慣に注意を払い、その価値を認識し、犯罪に関わらず、現地情報を収集しておくことが示されているくらいで、全体の半分は観光客が有する権利と自由を守るための倫理規定になっています。議論の余地はありますが、これまでも述べてきたように、本書は観光を推進するという世界観光機関の姿勢に同調しているため、以下でも、同憲章の内容に従って話を進めます。

　その上で、観光倫理に従う健全な観光を考えると、それは、政府（自治体を含む）と事業者が、観光客の【権利】を守るために、それぞれの【役割】と【義務】を明確に把握し、当該観光地の社会規範やモラルに従って、住民の【生活】と観光地の【特性】を保証、確保、保全、保護する観光ということになります（図7-2）。中核となる観光客の権利は、ホスピタリティの享受と旅行目的の達成に向けられますが、ホスピタリティは、事業者の義務として提供されるものと住民の善意から生まれるもので構成されます。事業者の義務は観光客との契約によって発生するため、事業者から提供されるホスピタリティは商品価格に含まれるサービスです。一方、住民は、観光の恩恵を直接受けるわけではありません。観光への参画は自主的なもので、それに満足ややりがいを感じる人々の行為がホスピタリティの提供に結びつきます。観光目的は、主に事業者が提案する観光商品に関心を持った観光客がそれを購入することで達成されます。事業者は、商品の造成に観光地の特性を活用しているので、それを維持、管理することが活動を存続させる必須要件となります。また、住民は、そこで生活しているわけですから、観光客の有無に関係なく、生活環境として同地を維持、管理する必要があります。

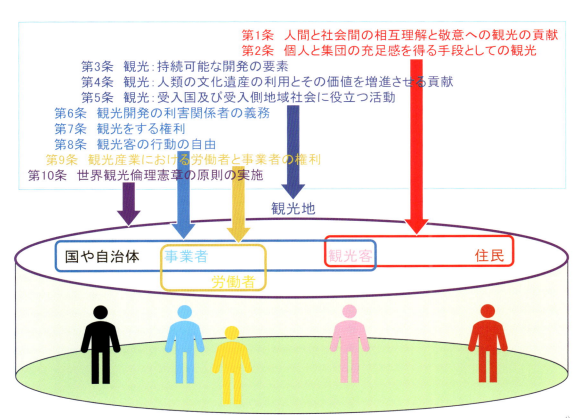

図7-1　世界観光倫理憲章の構成

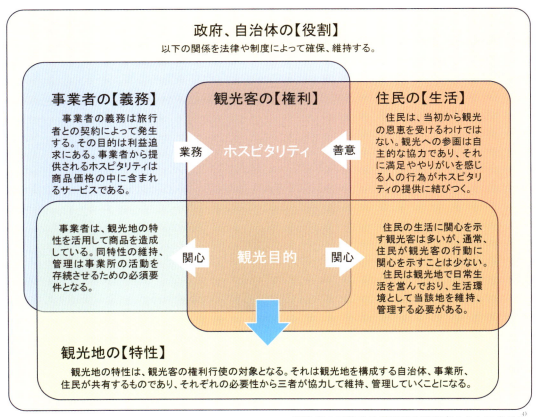

図7-2　旅行者の権利から見た健全な旅行

7-3 オーバーツーリズム

　世界観光機関は、オーバーツーリズムを「観光地またはその一部に対する観光の影響であって、市民の生活の質や訪問者の体験の質の知覚に否定的な形で過度に影響を与えるもの」と定義し、その発生原因を当該観光地の許容量を超える観光客の来訪としています(World Tourism Organization, 2018)[5]。

　観光客の増加は、観光活動に最も即時的かつ直接的な影響をもたらします(図7-3)。交通渋滞や公共交通機関の機能不全は、確かに「訪問者の体験の質」に負の影響を与えます。さらに、観光客の増加による混雑は、住民の日常生活にも波及し、物不足や物価高といった需給のアンバランスによる経済的な問題と喧騒感やプライバシーの侵害といった精神的な問題を引き起こすので、「市民の生活の質」に負の影響を与えますし、安全、安心の面から捉えるべき治安悪化も重要な問題です。ゴミのポイ捨てや落書き等による自然環境、文化環境の破壊は観光地に負の影響をもたらしますが、それは少なければ見過ごせるというものではありませんから、観光客の過度の来訪による問題というわけではありません。多くの観光客を受け入れることで文化や景観が変化することを問題視する意見もありますが、文化や景観は変化していくものだとする意見を提示することもできます。

　観光客の増加がオーバーツーリズムを引き起こしていることは明白ですが、世界観光倫理憲章に記された観光倫理に照らして考えると、そこで生じている具体的な問題は、観光客を受け入れる施策を実施している政府(自治体)と彼らを呼び込んでいる事業者がそれぞれの倫理に基づき、責任を持って対処すべきものがほとんどということになります。ゴミのポイ捨てや落書きのように、明らかに観光客側の倫理が問われる問題もありますが、観光客の過度の来訪によって生まれる問題の全てを観光客の倫理で括ってしまう、さらにはそれをインバウンド観光客に被せてしまうことは、オーバーツーリズムから生まれる、より深刻な問題と言うことができるでしょう。

7-4 観光倫理教育

　旅行という行為を残しながら、そこから派生する問題を個々に解消、改善していくためには、教育を徹底することが最良の方策であると前に述べましたが、具体的にはどうすれば良いのでしょうか。日本の場合、基本的には、小学校から大学までの地理学に関係する教育カリキュラムの中で、土地が変われば、自然、景観、建物、生活、文化、物産等が変わること、その特徴を知ることが旅行の楽しみの一つになること、同時に、旅行には常に危険が伴うこと、他人の生活圏に入る際にはそこのルールに従わなければならないことを一貫して学習する必要があります。観光関連事業者や自治体の観光担当者が専門的な知識を身につける際に、そこをベースにするだけでも、観光に対する共通理解は相当に深まると考えます。

　観光客と住民は、表裏の関係にあるので(第5章第4節参照)、同じ次元で考えると、彼らの観光に対する意識は、教育によるベースに、日常生活において認知してきた様々な規範が加わり固定化します。ただし、旅行の意思決定がなされると、移動距離が長くなるほど、到着地での行動に対する不安が高まるため、情報の収集や知識の取り込みを自主的に行うようになります。カスタマージャーニーで使う旅マエ、旅ナカ、旅アトの用語を使って、彼らの行動を整理すると、旅マエには、政府発表の情報や旅行会社からの通知に敏感になり、インターネット等による情報収集を行うことで、認知してきた様々な規範に新たな情報が加えられます(図7-4)。さらに、旅ナカでの対話や感激から現地特有の文化を知ることになりますし、場合によっては、トラブルに見舞われることで現地の影の部分や認識の甘さを体感します。旅マエに仕入れた情報を現地で確認し、旅ナカで交流、体験することで、現地に持ち込んだ従前の規範は塗り替えられていきます。さらに、それは旅アトの反省、教訓、思い出を通じて、日常生活に還元されます。観光客と住民に関しては、知識を積み重ねていく勉強ではなく、実体験によって認識を更新していく学習が最も効果的な観光倫理教育になるのではないでしょうか。

オーバーツーリズム

「観光地またはその一部に対する観光の影響であって、市民の生活の質や訪問者の体験の質の知覚に否定的な形で過度に影響を与えるもの」、または「ホストやゲスト、地元の人々や観光客が、観光客が多すぎて、その地域の生活の質や体験の質が受け入れがたいほど悪化していると感じている観光地」（UNWTO, 2018）

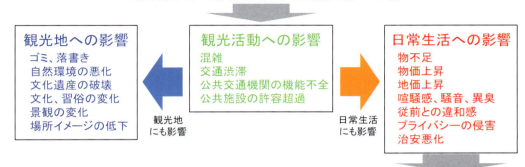

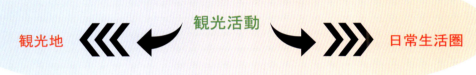

観光客の定義は世界観光倫理憲章のそれに準じる[4]

図7-3　オーバーツーリズムの内訳

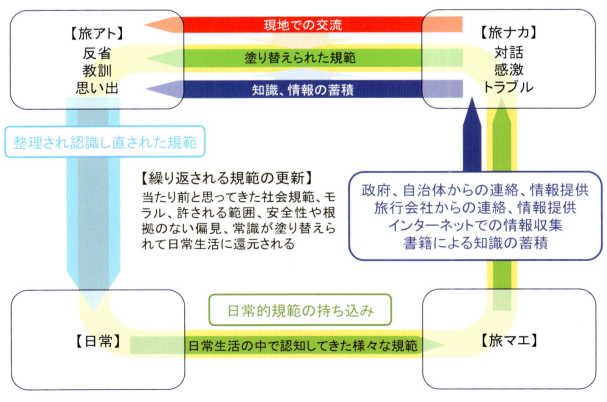

図7-4　旅行体験による観光倫理教育

《第7回　ワークシート》

1. 本講義の理解

・「世界観光倫理憲章」とは何ですか。

_____

_____

_____

・「旅行による観光倫理教育」とはどういうことですか。

_____

_____

_____

・住民が提供するホスピタリティの特徴を100字以内でまとめてください。

2. 講義内容に関する疑問

_____

_____

_____

・グループ内での検討

_____

_____

_____

・講師の回答

_____

_____

_____

3. グループ・ディスカッションの課題「オーバーツーリズム」

オーバーツーリズムと言われる諸問題が誰のどんな倫理に反するものであるかを話し合い、「オーバーツーリズムから生まれる、より深刻な問題」に関するグループの意見をまとめてください。

_____

_____

_____

_____

_____

第**8**章 マーケティング調査

マーケティングの作業

マーケティングとは、商品を効率的に売るための仕組みを作りあげていくことです。本書では、マーケティングの具体的な作業行程を、アンケート調査やインタビュー調査によって買手の指向や行動を把握したり、統計値の解析から市場の動向を捉える**マーケティング調査(市場調査)**、定められたフレームワークに従って売手が自社を診断し、進むべき方向性を探る**マーケティング分析(市場分析)**、分析結果に基づく意思決定の実践を**マーケティング対応(市場対応)**の三つのフェーズに分けて考えていますが、マーケティングは、消費者が一つの商品を選び出し、購入して、満足感を得るまでのプロセスを周囲からの影響や周囲への影響を考えながら整理し、改変していくものですから、例えば、上記の作業行程をまとめて「マーケティング・リサーチ」等と呼び、一連の流れを説明することも可能です。また、その方が適している場合もあります。そうした思考の必要性については、第9章で紹介します。

マーケティング調査は、新たにマーケティングを行う際の下地づくりのために行われますが、現行のマーケティングを検証するために行われることもあります。いずれも、重要な点は、調査者自身が調査の目的を明確に理解しておくことです。また、この目的を次に行うマーケティング分析の目的やマーケティング対応の目的と一致させておくと、作業を進めやすくなるので、次のフェーズを想定するという思考も必要になります。もちろん、マーケティング調査を必ずマーケティング対応に繋げていかなければならないというわけではありません。「必要に応じて」と考えてください。

マーケティング調査は、対外的な作業が多くなります。デスクワークではなく、フィールドワークと考えるべきでしょう。データ自体はインターネットからダウンロードできたとしても、目的の設定や調査方法の決定に際しては、現場の声や外部の意見を聞く必要が出てくるからです。調査の対象も目的によって変わります。調査主体(企業、事業所)の外部環境の把握であれば、諸外国や全国に対する既成統計の解析が主になりますし、販売対象(ターゲット)を決定しようとするならば、まずは広範な市場における一般的な消費者が調査対象になります。また、消費者のニーズやウオンツを明らかにする場合は、[1]個々の消費者の属性にも注目することになります。これらが定まると、対象の規模、質問方法、解析方法や集計方法が決まります。一般に、期限内に調査を行い、集計するためには、定められた予算と時間の範囲内で、「広く浅く」調査をするか、「狭く深く」調査をするかを選択しなければなりません。そのため、一般的な傾向を探るためには、調査内容を簡素化して大量のデータを一度に集め、それを数的に処理します。一方、集計の過程で捨象されてしまう特異な事象や微小な変化を抽出するためには、対象を絞り込んで、調査内容を個別化し、結果を人の目と手によって整理することになります。ご存知の方も多いと思いますが、前者を定量調査、後者を定性調査と呼びます。

しかしながら、IT(Information Technology、情報技術)やAI(Artificial Intelligence、人工知能)の技術進歩により、「広く深く」調査しなければならないテーマも増えつつあります。こうした新たな局面におけるマーケティングを、デジタル・マーケティングと呼びますが、これについては第10章で扱いますので、本章では、従来から行われているマーケティング調査を取り上げます。まず、マーケティングの下地づくりや検証のための基本的な調査の流れを紹介します。経済や社会の動きを見て、市場や自社の特徴を把握することは、どんな時代になっても必要です。次に、定量調査、定性調査に関する一般的な特徴について説明します。最後に、いずれの調査でも重要になる経過や変化を見るための調査方法を紹介し、その必要性や問題点を指摘します。

50　　　　　　　　　　　第8章　マーケティング調査

8-1　マーケティング調査の流れ

　マーケティング調査の目的は、「状況を知る」ことです。ただし、状況を示すデータやその解析方法はたくさんありますから、「何の」状況を知るのかというテーマを明確にしておく必要があります。観光地経営の場合を例にとると、テーマを差別化に据えた場合、「当該観光地の発達のために差別化の状況を知る」ことが目的となり、全体的な把握と局所的な把握のための二つの調査を行う必要性が生まれます(図8-1)。両者を重ね合わせないと、当該地の特徴が見えてこないからです。

　既成統計をデータとして使用するのであれば、全国と都道府県、あるいは市町村との比較ができるので、全体的な把握と局所的な把握を同時に行い、当該観光地の特徴を抽出することができます[2]。ただし、より正確な範囲で詳細な把握を行う必要があれば、調査者が独自でデータを収集しなければなりません。既成統計を使用する場合は、国内調査に限定されますが、総務省統計局による「政府統計の総合窓口」(e-Stat)において大半の統計をダウンロードすることが可能なので便利です[3]。一方、データを独自で収集する場合は、時間と費用がかかるので、実施までに入念な検討が必要になります。

　データの解析手法も様々です。個人的には、研究論文で採用するような解析手法でしか分からない微細な差異や隠れた特性よりも、誰もが一目で分かるような違いや特徴の方が観光地の差別化には有効だと考えています。その意味で、平易な解析手法で得られた結果を、変化や割合を表すグラフ、範囲や隣接地域との違いを示す地図を使って「見える化」しておくと、現場での理解も得やすく、意見交換の活発化にも繋がります。マーケティング調査の結果を用いてマーケティング分析を行うのであれば、当初から、定律化、モデル化されている分析のフレームワークに合わせて調査計画を立てておく必要があります。優位な戦略を構築するためには、調査結果や分析結果を専門家に分析し直してもらったり、他者が行った結果と比較したりすることになるからです。

8-2　定量調査

　マーケティング調査は定量調査と定性調査に分けられます。定量調査は、数量化して「集計」することを前提にした調査ですから、既に数値で示されている統計データに対する解析は、定量調査に含まれます。ですが、写真でも文章でも、その内容を数量化できれば、それを集計するのが定量調査となります。定量調査のための調査手法が固定化されているわけではありません。同じ調査手法を採用しても、結果のまとめ方によって定量調査、定性調査のいずれにもなりえます。

　第1節で述べたように、調査者は、マーケティング調査に際して、テーマを設定します。これが定まると、対象地域、対象期間／時期、対象者／社、必要な変数／質問項目が決まるので、それらを数量化してまとめようとすれば、その調査は定量調査となります。定量調査のゴール(目標)には、構成比、変動率等から対象の静態的／動態的な特徴を明らかにする、代表値、指標等から対象の内的な特徴を明らかにする、全体の代表値に対する乖離の程度から対象の差別的な特徴を明らかにする、変数の連動から空間的／機能的な相互作用を明らかにする、将来の値を予測する等が挙げられます(図8-2)。

　イメージとしては、テーマに関連すると考えられるものの、次元も時期も単位も形態も異なる状態でばらばらに存在している情報を、集計することによって、客観的、統合的に捉えられるようにするのが定量調査です。メリットは、何よりも数字の客観性による説得力があることです。現象を数値で示すことによって、大小や高低の程度が明確になりますし、転換点や境界を特定できます。また、実際の作業はコンピュータが行うので、調査の広域化、大規模化が可能です。一方で、数字の客観性が担保できないと一切の解析が無駄になります。さらに、数値の連続的な変動を前提にする線形の(方程式による)解析では、不連続な変化を判定したり、予測したりすることが難しいので、危機管理やイノベーション等には対応できないというデメリットを指摘することができます。

マーケティング調査＝状況を知る | マーケティング分析

大局的、全体的把握

目的
- 世界の情勢
- 政治経済の動向
- 社会の現状
- 競合の実態
- 連携の可能性　等

観光地経営における「観光地」の把握

目的
- 経営状態
- 自社の特徴
- 顧客の属性
- 従業員の要望
- 自己点検　等

局所的、個別的把握

既成統計データ
- 国連各種統計
- 国勢調査
- 経済センサス基本調査
- 経済センサス活動調査
- 農林業センサス
- 商業動態統計
- 小売物価統計調査
- 家計調査
- 労働力調査
- 地価公示、地価調査
- 旅客地域流動調査
- 観光入込客統計
- 宿泊旅行統計調査
- 旅行・観光消費動向調査
- 訪日会黒人消費動向調査
- 温泉利用状況　等

独自収集データ
- 専門業者販売データ
- 専門業者委託データ
- アンケート調査結果
- インタビュー調査結果
- 顧客名簿
- 自己点検票　等

整理、集計
- 単純集計
- 他データ比較
- 他地域比較
- 時系列推移
- 分散分析
- 回帰分析
- 判別分析
- 因子分析
- 数量化Ⅰ類
- 数量化Ⅱ類
- 数量化Ⅲ類
- 実験計画法　等

見える化
- 地図化
- 模型化　等

思考、考察

定律化、モデル化されたマーケティング分析のフレイムワークに投入し、考察を加える。

整理、集計の結果に独自の解釈を加えるだけであれば、左列までの作業で十分である。

マーケティング調査の結果を他者に見せて、意見を求めたり、他者が行なったのマーケティング分析と比較するためには、フレームワークに合わせられる目的を当初から設定しておく必要がある。

図8-1　マーケティング調査の流れ

定量調査
数量化して集計することを前提にした調査
（定量調査のための調査手法が固定化されているわけではない）

ゴール（目標）
- 構成比、変動率求める
- 代表値、指標を求める
- 全体の代表値に対する乖離の程度を求める
- 変数の連動を示す関係式を導く
- 将来の値を予測する　等

テーマに対応した以下の設定
- 対象地域、対象期間／時期、対象者／社　等
- 必要な変数／質問項目　等
- 集計の方法

メリット（特徴）
- 数字の客観性による説得力
- 転換点、境界の特定に有効
- 定性調査よりも広域化、大規模化が可能
- 整理、集計、見える化が容易　等

【イメージ】

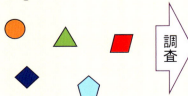

代表的な数値に統合、集計

図8-2　定量調査の特徴

8-3 定性調査

　定性調査は、文章化して「整理」することを前提にした調査です。最近は、文章の中の単語を品詞として抽出し、相互の関係から文章の内容を数量的に把握するテキストマイニングと呼ばれる解析手法も用いられるので、文章を対象にする調査が全て定性調査と呼ばれるわけではありません。

　マーケティング調査のテーマから定性調査が選択された場合、そのゴール(目標)には、例外を見つける、個々の意見を抽出する、新たに発見する、固定観念を刷新する、個別事例を収集する、理由や原因を特定する、手段や方法を知る等が設定されます(**図8-3**)。いずれも個々の対象の思考や行動を重要視するものなので、多くの場合、解析は対象のどのような属性がその結果を導くのかという視点から進められ、結果は対象ごとに文章によって説明されます。定性調査は、定量調査によって算出される代表値に対する解釈や議論では切り落とされていく枝葉の調査とも言えます。その結果を定量調査の補足と捉えるか、定量調査に代わる現状把握と捉えるかは調査者の主観的な判断に委ねられます。

　対象ごとの説明ではなく、全体を説明する場合もありますが、その場合も代表的な事例を中心にまとめるのではなく、グループやパターンに分けて全体を整理します。基本となるのは語学学習等で使われる5W1H(いつ、どこで、誰が、何を、なぜ、どのように)のフレームワークです。最近では、これに、「Which(どちらを)」、「Whom(だれに)」、「How much(いくらで)」、「How many(どのくらい)」を加えることもあります。グループやパターンを細分化することで、具体性が増し、対象や場面に応じた問題や対処策を提示しやすくなりますし、こうしたフレームワークは、マーケティング分析のそれと連続性があるというメリットがあります。複雑多様な状況を示す個々の情報を比較可能な形に整理、整頓するようなイメージになりますが、結局のところ全体を捉えることはできない、解析がどうしても調査者の主観に偏る、といったデメリットも指摘されます。

8-4 状況の経過や変化を知る

　組織のマネージャーが状況を知ろうとするのは、現行事業の様子を確認したり、新規事業の可能性を見極めるためですが、調査時点の状況だけでは改善や開発の時期を決められません。「状況を知る」という作業には、そこに至るまでの経過を明らかにして、今後の変化を予測することも含まれます。

　既成統計は、公的機関によって調査が定期的に行われるので、複数年次のデータを使用すれば、経過や変化が分かります。しかし、独自収集データについては、独自の調査を系統的に実施しないと、必要な情報を効率的に収集することができません。例えば、商品に関するアンケート調査の場合、新規／既存商品と新たな／同じ被験者の組合せから、過去に行った既存商品に関する調査(A)を基準にして、同じ被験者に新規商品に関する質問をする調査(B)、新たな被験者に既存商品に関する質問をする調査(C)、新たな被験者に新規商品に関する質問をする調査(D)が考えられます(**図8-4**)。

　(A)→(B)は、過去に既存商品を評価した被験者が新規商品を評価することになるので、既存商品から新規商品への移行に伴う、被験者属性の違いに左右されない純粋な評価の変化を明らかにしようとする場合に有効です。また、(A)→(A)を繰り返し、同製品の使用感の変化や使用者ならではの工夫等を把握する場合もあります。いずれもパネル調査と呼ばれますが、被験者が調査者に対する親近感を持ってしまうと、ファン化による好意的な回答が増えるという問題を指摘することができます。(A)→(C)は、被験者を替えて同じ調査を繰り返すトラッキング調査の一つに分類されます。これは、旧商品化が進む既存商品に対する評価や購買行動の変化を明らかにしようとする場合に有効ですが、調査を繰り返すほど、質問内容が古くなっていくという問題を指摘することができます。一方で、マイナーチェンジではなく、フルモデルチェンジの新規商品に対するアンケート調査では、その時点で一番聞きたいことを、聞くべきと思われる人に聞くアドホック調査と呼ばれる単発調査(D)を採用する方が有効です。

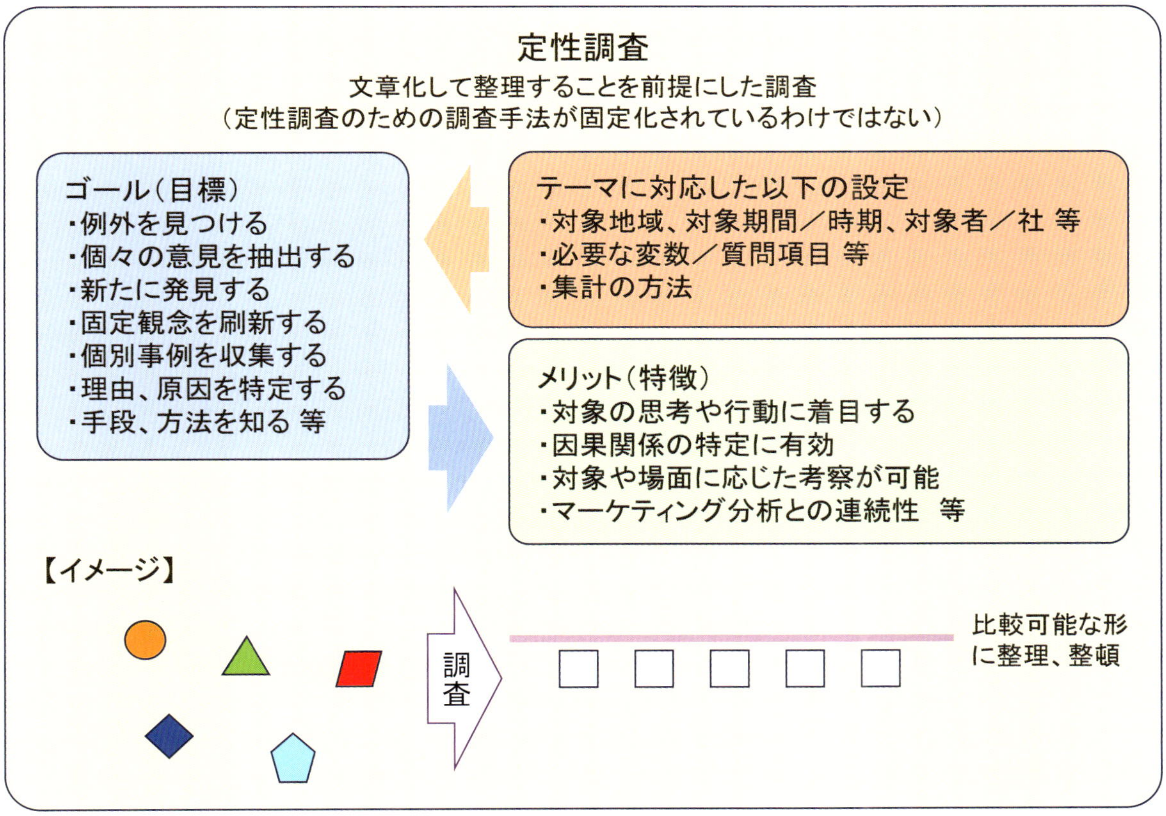

定性調査
文章化して整理することを前提にした調査
（定性調査のための調査手法が固定化されているわけではない）
ゴール（目標）
・例外を見つける
・個々の意見を抽出する
・新たに発見する
・固定観念を刷新する
・個別事例を収集する
・理由、原因を特定する
・手段、方法を知る 等
テーマに対応した以下の設定
・対象地域、対象期間／時期、対象者／社 等
・必要な変数／質問項目 等
・集計の方法
メリット（特徴）
・対象の思考や行動に着目する
・因果関係の特定に有効
・対象や場面に応じた考察が可能
・マーケティング分析との連続性 等
【イメージ】
調査
比較可能な形に整理、整頓

図 8-3　定性調査の特徴

新規商品
既存商品
（トラッキング調査）
B
新規商品の魅力に対する
・同じ属性での評価
・既存商品との差異
D
アドホック調査
最新の反応
・新規商品の魅力
・新規商品の顧客属性
推移
A
基準
過去に行われた調査
・既存商品の魅力
・顧客属性
推移
C
旧商品化が進む中での
・既存商品の評価の変化
・購買行動の変化
同じ被験者
新たな被験者
パネル調査

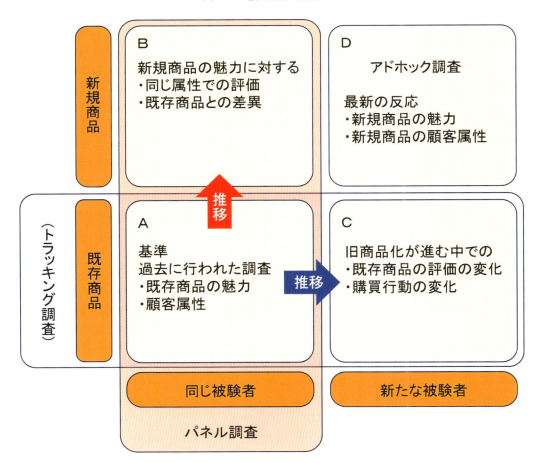

図 8-4　経過や変化を知るための調査方法

《第8回　ワークシート》

1. 本講義の理解

・「定量調査」とは何ですか。

・「定性調査」とは何ですか。

・マーケティング調査における注意点を 100 字以内でまとめてください。

2. 講義内容に関する疑問

・グループ内での検討

・講師の回答

3. グループ・ディスカッションの課題「パネル調査」

同じ被験者に対して、調査を繰り返すパネル調査のメリットを確認し合い、パネル調査が有効だと思われる案件を挙げて、具体的な調査方法を提案してください。

第9章　マーケティング・オペレーション

■「オペレーション」の概念

　オペレーションと言えば、中央銀行が所有する有価証券を売買して金融を調節する公開市場操作を思い起こす人が多いと思いますが、本書で使用する「オペレーション」は、コストの削減や生産性、品質、顧客満足度、競争力の向上といった目標を達成するための一連の流れとして企業活動を捉えるビジネス用語で、業務連鎖という言い方もできます。

　企業は、いくつかの部門に分かれて、運営されていますが、それぞれの部門が完全に機能していたとしても、組織として完全に機能しているわけではありません。組織としての完成度を上げるためには、各部門が全体の目標を明確に理解した上で、相互の関係が最適になるように調整し合う部門間連携が必要です。そもそも、部門は目標達成のための役割分担ですから、設立の意図に立ち戻れば問題は解消されるはずですが、操業が長くなり、大規模化した企業においては、部門の中にさらに部署やチームが設置され、日々の業務や競争の中で、全体を俯瞰する目が霞む場合があります。オペレーションの概念は、役割分担の意味を各グループのリーダーや経営者層に再認識させます。こうした思考は、指揮系統が垂直的な「縦割り」の行政に対しても有効です。行政では部門間連携を促進するために、よく「横串を入れる」といった言い方をして、全体で目指す大目標に繋がる中目標を部門ごとに設定し、それぞれの部門が同じ目標に向かうよう誘導します。

　遠藤(2001)は、割り振られた役割をそれぞれに担当する部門間の連携を、①カスタマー・リレーションシップ・マネジメント(CRM)、②サプライ・チェーン・マネジメント(SCM)、③調達、④研究・開発、⑤管理・スタッフ業務、によって整理し、それぞれの「モジュール(機能単位)」におけるオペレーションと呼んでいます。[1] 必然的に組織外との関係を考慮することになる①、②、③と、組織の巨大化に伴い、オープン・イノベーションやアウトソーシング等、組織外との関係を考慮しなければならなくなる④、⑤を組み合わせて大目標に向けた具体的な流れを作り出すというフレームワークは、外部の動向に注意することで、全体を俯瞰する目の重要性や結束の必要性を強く認識させるためのものです。

　ただし、観光関連の事業所や観光地の経営に遠藤の思考を直接適用することは現実的に難しいように思われます。観光は、業として独立しているわけではなく、最終的に観光に関係する多様な産業が混在して「観光関連業」というグループを形成しているにすぎませんし、事業所内においても現地で完結する活動が多く、各部門が明確に区分されているわけでもないからです。しかしながら、区分や境界が曖昧で各部門や各事業所における明確な役割意識が芽生えにくい観光関連の事業所や観光地の経営だからこそ、他産業とは逆の観点から、企業や地域を成長させるという大目標を目指し、事業所間、部門間の連携を促進、強化するオペレーションの概念が必要だと考えます。そこで、本書では、「何のために、何を、どのように売ればいいのか」を考えるマーケティングをモジュールとする「マーケティング・オペレーション」を提案します。[2]

　マーケティングは、本来、販売部門が行う活動の一つですが、ここで提案するマーケティング・オペレーションは、マーケティングの過程を販売部門の枠を超えて展開します。本章では、まず、インターネットとSNSの進展が地域社会に与えた影響を考え、次に、それによる消費者行動の変化がマーケティングの対象を拡充している現況を説明します。後半では、観光関連事業所のバリュー・チェーン(価値連鎖)からマーケティング・オペレーションの必要性を指摘し、最後に他のモジュールによるオペレーションも考慮した観光地経営におけるマーケティング・オペレーションを提案します。

9-1　社会と地域の分離

　「地域社会」とは、一定の範囲の土地（地域）の上に成り立つ生活共同体（社会）、あるいは生活共同体の活動によって成り立つ一定の範囲の土地、のように説明されてきました。〜の社会、であろうと、〜の地域であろうと、実態は同じ事物、事象と解釈されていたので、論者が扱うコンテクストの中で使い分けられていても問題は生じませんでした。皆がそれを理解できていたからです。

　自給自足では賄えない物資を取引によって入手することで生活を豊かにしてきた我々にとって、賄えない物資の存在を知ることも含めて取引の範囲を拡大することは、生活の質が向上することを意味します。ただし、そこには常に地理的な距離の制約がありました。移動距離ないしは輸送距離、それに伴う費用、時間、労力が取引の範囲を制限していたからこそ、上記で言うところの地域と社会は一致していました（図9-1a）。しかしながら、両者の関係は、通信販売の出現によって歪み始めました。情報の到達距離と輸送費用という制約は残りましたが、情報の到達距離はマスメディアの発達によって、輸送費用は流通革命が進行することで、それぞれ延長、低減され、取引範囲は大幅に拡充されました。

　通信販売される商品が限定的であった時代においては、大半の取引が地理的な距離の制約を受けていたので、地域が社会の基盤になりえましたが、インターネットが普及し、それがマーケティングに有効だと判断する企業が増えると、通信販売される商品が多様化し、取引が地域形成に与える影響は徐々に低下していきました。中心市街地の衰退に伴う地域の不明瞭化、弱体化がこれに当たります。一方、社会を構成する人間は、さらにSNSを利用することで、外に出るよりも多彩な相手と情報を交換することができるようになり、コミュニケーションの範囲も拡充していきます。インターネットは商品の選択肢を増やし、SNSは商品に関する情報の量や精度を上げる方向に作用しましたが、いずれも地理的な距離の制約は受けず、地域とは別次元で新たな社会が形成されたと説明することができます（図9-1b）。

9-2　消費者行動の変化

　Kotlerは、マーケティング3.0において、顧客の精神的な充足感を満たすコンセプトの必要性を、ポジショニング、ブランド、差別化の組合せである「3i モデル」（brand identity、brand image、brand integrity）によって説きましたが、マーケティング4.0では、デジタル経済における5A（①Aware：認知、②Appeal：訴求、③Ask：調査、④Act：行動、⑤Advocate：推奨）によるカスタマージャーニーの変化が、3iの構築にも影響し、新たなマーケティングが生まれることを指摘しました（Kotler, P. et al., 2010, 2016）[3,4]。

　従前の消費者行動を説明するAIDA：Attention（注意）、Interest（興味）、Desire（欲求）、Action（行動）やAIDMA：Attention（注意）、Interest（興味）、Desire（欲求）、Memory（記憶）、Action（行動）の行動モデルと比較すると、Interest（興味）、Desire（欲求）が③にまとめられ、新たに⑤が加えられていることが分かります（図9-2）。言うまでもなく、③はインターネットでの「検索」であり、⑤は「口コミ」にあたります。さらに、この「口コミ」までのカスタマージャーニーが自分と同じ目線で紹介され、商品の購入を擬似的に体験できることがSNSの魅力（生み出す価値）になっています。

　「口コミ」は、地域とは別次元で新たに形成されたネット社会で交わされる情報で、知人との会話ではありません。売手と買手のコミュニケーションは、マーケティング・ミックスの重要な1要素でありましたが、インターネット上での情報のやり取りは同様な商品を扱う企業群と不特定多数の消費者との間で成立する双方向のマスコミュニケーションであり、対面でのコミュニケーションを超える存在となりました。「検索」や「口コミ」による変革をAIDAに取り込んだモデルが、AISAS（内容は図9-2参照）であり、「検索」を細分化したのがAISCEAS（同上）です。いずれも、カスタマージャーニーを描くと、直線的に示される消費者行動ですが、実際の行動は、インターネット上で重複しながら、ほぼ同時に進行していることに企業は注目しなければなりません。

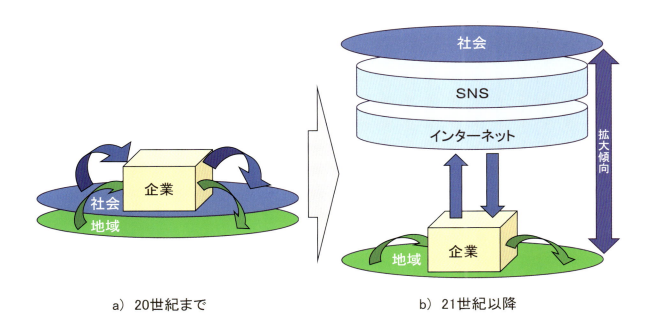

図9-1 インターネット、SNSの発達による社会と地域の分離

従前の消費者行動モデル
AIDA：
　Attention(注意)→Interest(興味)→Desire(欲求)→Action(行動)
AIDMA：
　Attention(注意)→Interest(興味)→Desire(欲求)→Memory(記憶)→Action(行動)

デジタル社会に対応するマーケティングに対して、Kotlerが提唱した5A
①Aware(認知)、②Appeal(訴求)、③Ask(調査)、④Act(行動)、⑤Advocate(推奨)

カスタマージャーニーの変化

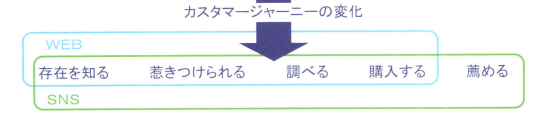

AISAS：インターネット検索型モデル
　Attention(注意)→Interest(興味)→Search(検索)→Action(行動)→Share(共有)
AISCEAS：AISASモデルの細分化
　Attention(注意)→Interest(興味)→Search(検索)
　　→Comparison(比較)→Examination(検討)→Action(行動)→Share(共有)

Dual AISAS：AISAS の Attention を、以下の「拡散願望」(A＋ISAS)で補完
Activate(活性化) ＋ Interest(興味)→Share(共有)→Accept(受容)→Spread(拡散)

図9-2 消費者行動モデルの整理

9-3 観光関連事業所内でのマーケティング・オペレーションの必要性

Porter(1985)のバリュー・チェーンを基に、企業の内部で創出される価値を整理してみると、製造業のように、原材料物流から製造、出荷、販売、アフターサービスまでの流れが、場所を変えながら、順を追って進められる業種であれば、消費者行動の変化は、販売部門でしか確認されません[5]。

一方、観光商品の多くは、地元の自然を活用し、その楽しみ方を価値とするものですから、商品は常に現地で消費され、商品に対する高評価やクレームも現地で生まれます。そのため、消費者行動の変化は、原材料物流からの全ての行程において、現地のスタッフが肌で感じているはずです。つまり、観光商品の場合、従来のマーケティング調査／分析／対応の内容は、スタッフが現地で感じていることや実行していることの「説明」でした。もちろん、これは誇張した言い方で、「説明」によって改善すべき点が明確になったり、将来を予測したりすることが可能になっていましたが、現地のスタッフからは、頷きはあっても、新たな知見を得たという反応は得にくく、それが観光関連業界における先進的なマーケティングの導入、実践の立ち遅れに繋がってきました。

しかしながら、デジタル化による消費者行動の変化は、販売部門で確認するにしても、全部門で感じ取るにしても、ブラックボックスが多く、完全には把握しきれないのが現状です。そのため、調査から始める従来のマーケティングではなく、消費者の出方を見ながら、あるいは対応を変えながら、それに必要な調査や分析を同時に進めるマーケティング・オペレーションのフレームワークが必要になると考えます(図9-3)。特に、全てが現地で行われる観光関連業界においては、販売部門だけでマーケティングを行うのではなく、各部門が水平的に連携し、それぞれの対応を相互に調整し合うことによって生まれるマーケティングを同部門から提案していく体制を構築しなければなりません。Porterが言うところの支援活動においても消費者行動の変化を意識した価値創出が必要になるでしょう。

9-4 観光地経営におけるマーケティング・オペレーション

バリュー・チェーンに連動して展開される事業所内のマーケティング・オペレーションによって積み上げられた観光商品の価値は、多くの場合、当該事業所が属する観光地の情報として発信されますし、現地で消費される観光商品の評価は、観光地全体の評価に反映されます。また、同地の観光資源を共有、活用、消費する場合は、観光地内で多様な物流が錯綜して発生します。これは、他産業においては企業単位で行われるCRMやSCMが、観光関連業においては、観光地単位で行われる方が効果的な結果を生みやすいことを意味します。

行われるオペレーションのスケールを考えると、事業所単位でのマーケティング・オペレーションが観光地単位で行われるCRMやSCMのオペレーションに組み込まれることになります(図9-4)。しかし、観光地単位で行われるオペレーションは観光地全体の利益向上が目的になり、内容は合議によって決定されるので、マーケティング・オペレーションの結果がストレートには反映されません。むしろ、合議によって決定された内容を自社に持ち帰り、再検討することになるでしょう。特に、CRMに関しては、消費者行動が多様化している中にあって、観光地全体に対する消費者のイメージを知り、対応あるいは誘導していくことが自社の観光商品を販売し、利益を上げていくための条件になります。

観光行動におけるSNSの比重の高さを考慮し、第2節で紹介した消費者行動モデルよりもSNS利用の影響を重要視した消費者行動モデル(SIPS)を用いると、情報発信者の意見に共感して、それを確認するために、体験型観光に参加し、自分の感想をネット上に載せるような消費者の要望に応えていく必要があります。また、そうした消費者は、観光地からの情報発信にも敏感で、関係を築いた上で、旅行を決定するため(DECAX)、情報発信力が弱い小規模事業所が販売する観光商品を観光地がまとめてコンテンツ化するなど、コンテンツ・マーケティングをCRMにおいて実践していくことが効果的です[6]。

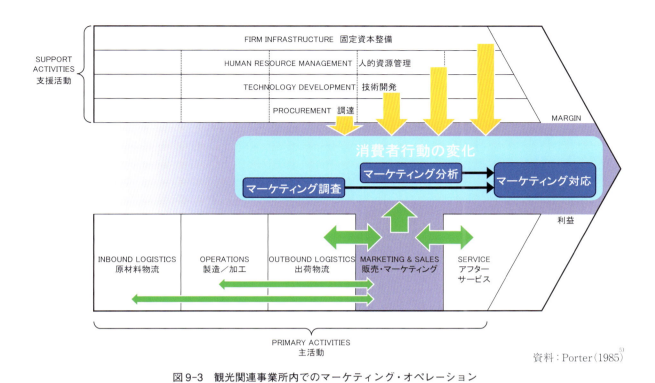

図9-3 観光関連事業所内でのマーケティング・オペレーション

資料：Porter(1985)[5]

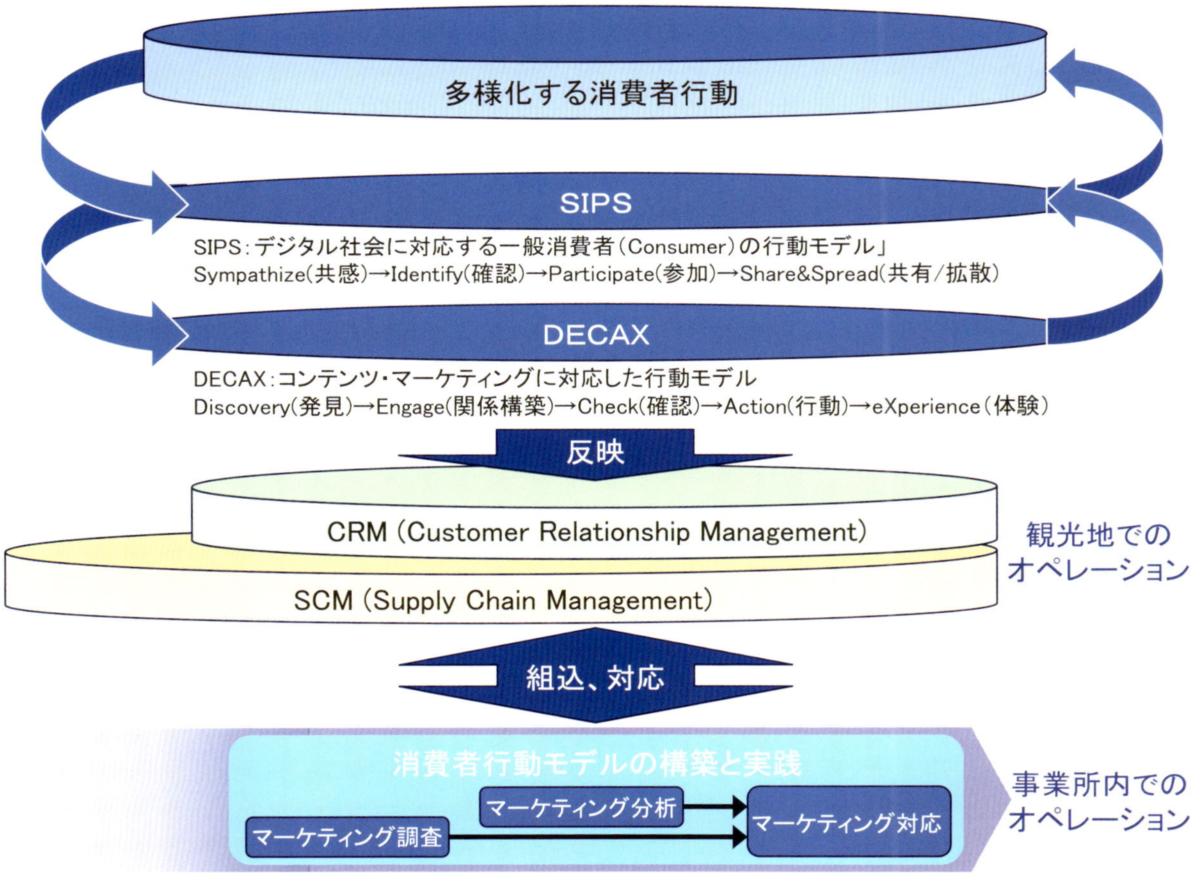

図9-4 観光地経営におけるマーケティング・オペレーション

《第9回　ワークシート》

1.　本講義の理解

・本章でいう「オペレーション」とは何ですか。

・「5Aによるカスタマージャーニーの変化」とはどういうことですか。

・観光関連業界において必要とされるマーケティングの体制を100字以内で説明してください。

2.　講義内容に関する疑問

・グループ内での検討

・講師の回答

3.　グループ・ディスカッションの課題「カスタマー・リレーションシップ・マネジメント(CRM)」

カスタマー・リレーションシップ・マネジメント(CRM)の内容を確認し合い、今後、観光関連業界において必要になるマーケティングを具体的に提案してください。

第10章　デジタル・マーケティング

「デジタル」が付くとどうなるのか

　Kotlerが提唱するマーケティングの進化は、2024年時点で6.0まで進んでいますが、2010年代後半に示された4.0においては、デジタル経済におけるカスタマージャーニーの質的変化に適応する必要性が指摘されました（Kotler, P. et al., 2016）[1]。彼が言う「デジタル経済」とは、コンピュータ・ネットワークを介した情報のやり取りが顧客の行動を大きく左右する経済を指しています。

　パーソナル・コンピュータ（PC）が販売され始めたのが1980年代、Windows OSの刷新によって、PCが一般に普及したのが1990年代後半以降ですから、デジタル化が2010年代後半頃から特に強調されているのは、単純に電子計算機の作業量が増大したためというわけではなさそうです。政策としてデジタル化を推進するデジタル庁のHPを見ても「デジタル化」の定義は明示されていませんが、その活動内容から推察すると、それは、紙の書類を電子ファイルに置き換えることによって作業効率が上がるようなシステムを作り上げること、のようです。「デジタル経済」の定義と併せて考えると、昨今多用されている「デジタル化」とは、単に電子化を指すだけではなく、電子化による効果を活かした変革であり、コンピュータ・ネットワークの進展がそれを支えるとまとめることができます。

　上記の解釈に基づけば、デジタル・マーケティングとは、マーケティングを電子化することではなく、「デジタル化」によって変革を遂げた社会で活動する生産者が、同じくそこで生活する消費者に、うまく商品やサービスを売る仕組みを作り上げる作業ということになります。この作業において注意すべきは、「デジタル化」が購買行動に与える影響です[2]。「デジタル化」の目的は、利便性の向上にありますから、生産者も消費者も利便性を向上させているはずです。一方で、購買行動は、手に入れにくい物、自分ではできない事の価値を購入する行為です。つまり、利便性の向上によって、簡単に手に入る物やできる事が増えると、購買行動の活性が下がり、生産者側の利益が上がらなくなってしまいます。デジタル・マーケティングは、生産者が利便性の向上によって失われた価値に代わる新たな価値を創出し、消費者にそれを見出してもらえる仕組みを作り上げる作業でもあります。

　従来のマーケティングは、企業や事業者が最初に立てた戦略や計画に従い、段階を踏んで粛々と実行され、PDCAのような予定された行動ステップによって現実に対応していました。一方、デジタル・マーケティングは、一般消費者や顧客の声によって目まぐるしく変容する現実に、OODAのような不定期の行動ステップによる改訂を重ねることで対応していかなければならない状況において提起されます[3]、即時性や連続性が重視され、実践と改変が同時進行するマーケティングなので、オペレーションとしての捉え方も必要になります。ただし、デジタル・マーケティングは、伝統的マーケティングにとって代わるものではなく、消費者行動に合わせて役割を交代しながら共存すべきものだと考えます。着実なマーケティング調査に基づく論理的なマーケティング分析によって、方向性やビジョンを固定することは戦略策定の初期段階においては必須ですし、商品、サービスの完熟期や社会、経済の変動期においては、消費者との交流を活発化し、彼らとの対面による関係強化が必要になる場合も多いからです。

　本章では、まず、デジタル・マーケティングの出現過程からその本質を指摘します。その後、インターネット利用の普及、拡充が、商品の販売のされ方や情報伝達の流れを複雑化させ、情報発信者の信用が商品の個性以上に重要になっている現状を説明します。後半では、デジタル・マーケティングの捉え方を模式的に示した後、ゲーム理論を簡単に紹介し、限定された環境下で俊敏に反応しなければならないデジタル・マーケティングに対するその有効性を提起したいと思います。

第10章　デジタル・マーケティング

10-1　消費者行動の変化に伴うデジタル・マーケティングの出現

　E-Commerceが定着したデジタル経済においては、誰もがインターネットにアクセスするだけで、商品の情報を正確かつ大量に受け取ることができるようになりました[4]。また、消費者の代わりにそれらを購入し、その感想を発信するインフルエンサーも現れました。消費者からすれば、自宅に居ながら商品の仕様や性能に関する情報を収集し、実際にその商品を使った人から使用感や評価を聞いて、購入の意思決定をしたら、ボタンをクリックするだけで決済が行われ、商品が自宅に届く、という省力的、直感的な商品購入が可能になりました（図10-1）。

　購買行動がE-Commerceとインフルエンサーによって一本化、単純化されたというのは、個々の消費者からの見方であって、消費者行動全体が一本化、単純化されたわけではありません。むしろ、顧客ごとの意思決定過程は、従前以上に複雑多様化したため、マーケターは消費者の代表的な行動を把握することすら難しくなったと言えます。しかし、個人が特定されなければE-Commerceは成立しませんし、その情報はE-Commerceを利用した顧客全てに対して記録されます。つまり、マーケターにとっては、販売行動自体がそのまま回収率100％のマーケティング調査になり、自動で出来上がる顧客名簿は完璧なリピーター候補者名簿となるので、購買行動を見ながら、販売行動（営業、セールス）を絞り込むことが可能になります。ただし、収集する情報は商品の販売初日から増え続けるため、マーケティング分析／対応は常に流動的になります。このように、ネット上で行われる購買行動の累積的な記録から、個々のターゲットに合わせて商品を売り込むマーケティングがデジタル・マーケティングの本質です。

　一方、E-Commerceを利用しなかった顧客の行動については、従前のマーケティングの対象になりますが、デジタル・マーケティングにおいては、E-Commerceを利用できない／しない理由を掘り下げ、操作手順の平易化や発信する情報の多様化（触覚、味覚の付与等）に反映していきます。

10-2　複雑化する判断基準

　デジタル・マーケティングの主な対象者は、インターネットを介した情報のやり取りによって行動や意思決定を変えます。さらに、コンピュータ・ネットワークの進歩、ベンチャーの参入、ユーザーの参加等によるインターネット自体の変革によっても、彼らの行動や意思決定は変わります。

　消費者行動におけるインターネットの役割は、購入の意思決定のための判断基準の提示です。ただし、インターネットの利用が普及、定着するにつれ、判断基準を提示する主体が多様化し、消費者には様々な方向から多くの情報が錯綜して伝えられるようになりました（図10-2）。消費者は、商品の購入に至る前に、参考にするインフルエンサーや購入ルートとなるE-Commerceを選択します。販売や購入に直接関与しない（はずの）インフルエンサーの意見は、消費者が商品を購入する際の重要な判断基準となりますが、インフルエンサーの意見はそれぞれに異なるので、消費者はそれが真に有用な判断基準であるか否かの判定をまず行わなければなりません。E-Commerceにしても同様で、各社が提供するサービスや特典はそれぞれに異なりますし、クレーム対応やアフターサービスを重視する消費者は、生産者の直販サイトを選択するでしょう。最近では、フリーマーケットサイトに新古品や未使用品を出品する消費者も増えているので、そこからの商品購入も可能です。また、E-Commerceがインフルエンサーに接近することもあり、生産者と消費者との区別が以前ほど明確ではありません。商品の感想等も、個人のつぶやきで終わらず、E-Commerce内にまとめられ、商品購入のための判断基準として利用されていますし、生産者側にも取り込まれ、販売はもちろん生産の場で活用されています。

　このように、参考意見や購入ルートに関する情報が入り乱れる中で、消費者は、商品の購入を検討する前にインフルエンサーやE-Commerceを評価するため、場合によっては、商品の個性よりもインフルエンサーやE-Commerceの信用性、信頼性、正当性の方が、重要になってきます。

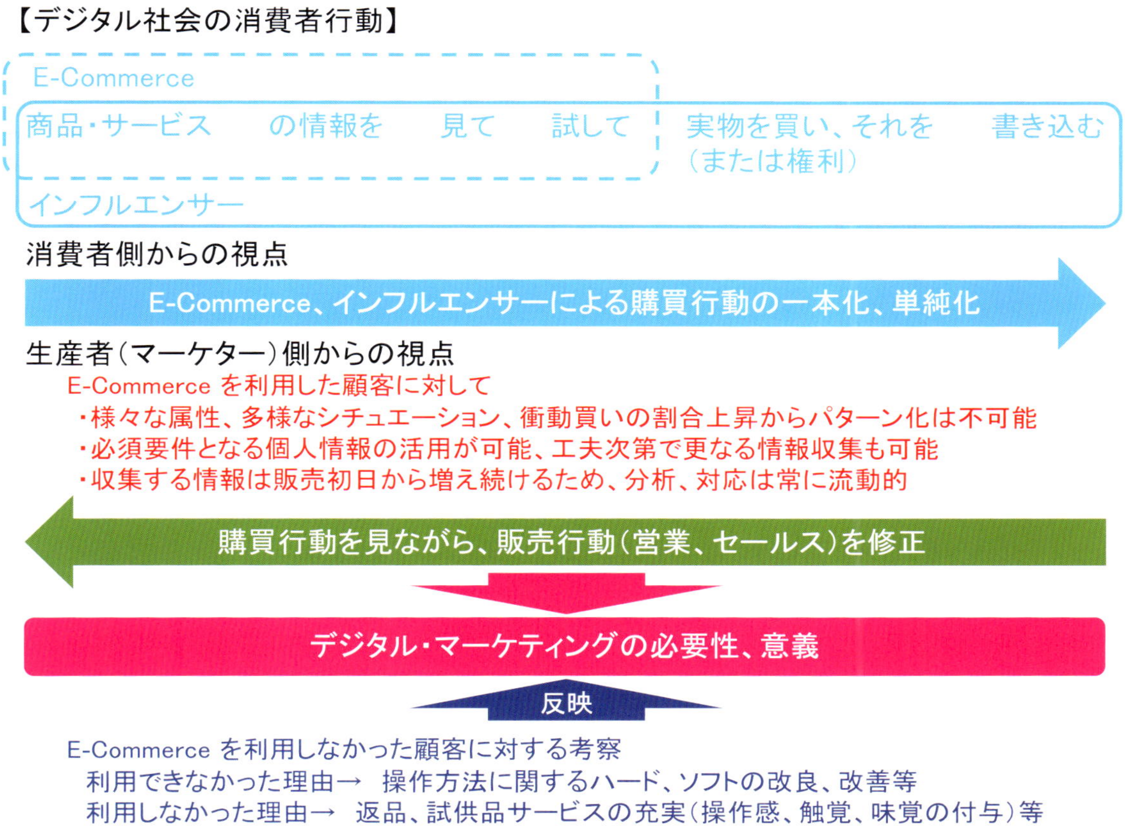

【デジタル社会の消費者行動】
E-Commerce
商品・サービス
の情報を
見て
試して
実物を買い、それを
（または権利）
書き込む
インフルエンサー
消費者側からの視点
E-Commerce、インフルエンサーによる購買行動の一本化、単純化
生産者（マーケター）側からの視点
E-Commerce を利用した顧客に対して
・様々な属性、多様なシチュエーション、衝動買いの割合上昇からパターン化は不可能
・必須要件となる個人情報の活用が可能、工夫次第で更なる情報収集も可能
・収集する情報は販売初日から増え続けるため、分析、対応は常に流動的
購買行動を見ながら、販売行動（営業、セールス）を修正
デジタル・マーケティングの必要性、意義
反映
E-Commerce を利用しなかった顧客に対する考察
利用できなかった理由→　操作方法に関するハード、ソフトの改良、改善等
利用しなかった理由→　返品、試供品サービスの充実（操作感、触覚、味覚の付与）等

図 10-1　デジタル・マーケティングの本質

インターネット
生産者
インフルエンサー
一般消費者
SNSユーザー
製造
E-Commerce
フリーマーケット
マーケ
ティング
サービス
商品
情報
評価
ネット通販業者
顧客
要望、クレーム
ネット販売部署
企業からの直接対応
営業
従来の小売
システム
販売

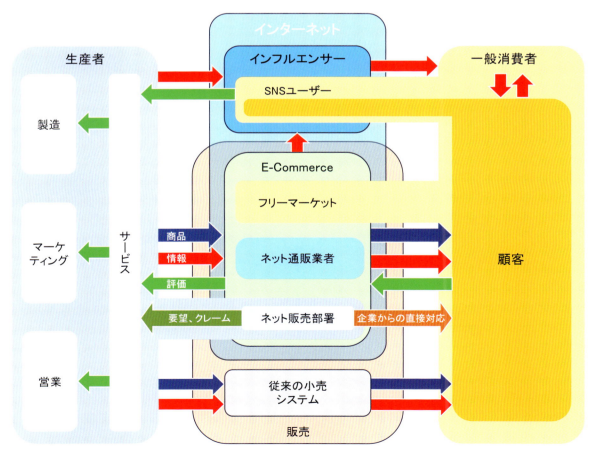

図 10-2　販売される商品と情報、評価の流れ

10-3 デジタル・マーケティングの捉え方

　我々の日常は、インターネットへの接続がルーチン化されており、一般のWebサイトやSNSに挟み込まれた広告によって購買意欲が刺激され、購買に至るケースが増えています。もちろん、無視あるいは断念されることの方が圧倒的に多いのですが、日常から離れる「きっかけ」が必要な観光では、こうした漠然とした思いやイメージへの刺激に始まる消費者行動を特に重要視する必要があります（図10-3①）。全体を考えた場合、最初から明確な意思を持って関連する情報を積極的に探査する消費者の存在が気になりますが、デジタル・マーケティングでまず考えるべきは、インターネット上での動機づけであり、彼らをその気にさせた「きっかけ」が発生する①のステージが対象となります。

　動機づけされた消費者Aが、店頭に訪れるのではなく、そのままインターネット上で情報探査を続ける選択をした場合、Aは購入ルートとなるE-Commerceに行き着きます。同一商品であっても、価格や配達、支払い方法がE-Commerceごとに違いますし、E-Commerceからの情報提供によって商品の詳細を知り、購入商品を変更することもありえます（②）。Aにとっては、E-Commerceの特徴と商品の情報が「選択」の判断材料であり、両者の選考が同時進行で進められます。生産者Bの商品を購入することにしたAはBの顧客となりますが、このままだとBは商品を販売するだけになってしまいます。そのため、Bは連絡フォームを工夫したり、E-Commerceと提携することで、購入までの過程を知り、それを「サービス」に活かしていくことになります（③）。

　インターネットの構造もそこに流れる情報も日々変化します。デジタル・マーケティングを考えるためには、まず、複雑化する判断基準を上記①、②、③のようなステージに分けて整理する必要があります。その上で、流動的な各ステージの変化に合わせて、「きっかけ」、「選択」、「サービス」の生成過程を明らかにしていくことが、デジタル・マーケティングの作業手順となります。

10-4 ゲーム理論

　デジタル・マーケティングの必要性や作業手順を理解していれば、従来のマーケティング手法をそのまま適用しても対応可能だと思われますが、ここでは、プレーヤーの相互依存的な行動から導かれる意思決定を数学的手法を用いて説明するゲーム理論の有効性について触れておきたいと思います[5]。

　ゲーム理論では、ゲームの進行に影響を及ぼす引数（パラメータ）によって類型化された六つのゲームが使用されます（図10-4）。一般の市場においては、プレーヤー同士が協力し合うというような状況は考えにくいので、協力ゲームが採用されることはありません。同様に、現実的な観点から、混合戦略ゲーム、有限繰り返しゲーム、情報対称ゲームが採用されることも少ないと思います。ただし、観光地経営においては連携が必須になるので、協力ゲームの採用も考える必要があります。

　各ゲームの内容は割愛しますが、重要な点は非協力ゲームにおけるナッシュ均衡という概念です（Nash, 1950）[6]。通常、意思決定の評価は、行動後の状況を確認した後で行われます。「最適な判断だ」ではなく「最適な判断だった」となるわけです。しかし、現場では、意思決定の時点で「最適な判断」を下す必要があります。ゲーム理論では、自分が選択する意思決定に対して、相手が行う意思決定の選択肢の数分だけの未来があると考え、そこで生じる損益の総和を算出して、それが最大になる選択をします。当然、相手側が選択しなかった組合せの損益は発生しませんし、実際に生じる損益が最大にならない場合もありますが、事前に行われるその選択が「最適な判断」となります。結果、互いに自身の選択に納得する（相互依存的な行動から導かれる）均衡が生まれます。これをナッシュ均衡と言います。

　デジタル・マーケティングは、インターネットという流動的かつ限定的な環境下で、互いに相手の行動に反応しながら、「最適な判断」を下すために行われます。状況に応じた俊敏な反応が要求される舞台に最適な戦略を用意して上がる際、ゲーム理論は有効なヒントを与えてくれるはずです。

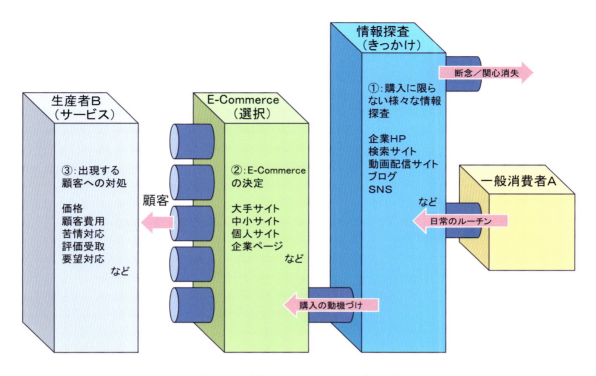

図10-3 デジタル・マーケティングの作業

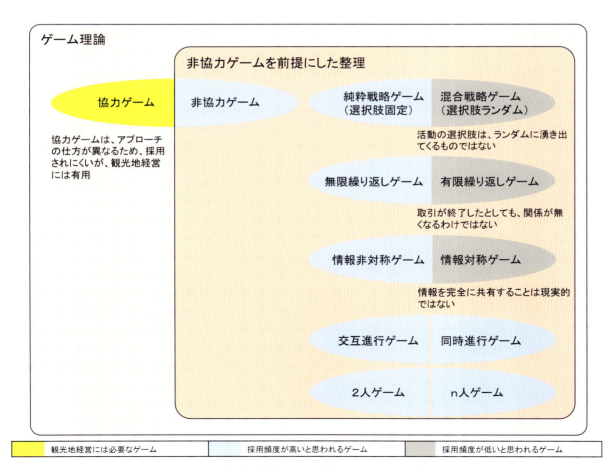

図10-4 観光地経営において採用できるゲームの類型

《第10回　ワークシート》

1. 本講義の理解

・昨今言われている「デジタル化」とはどういうことですか。

・「E-Commerce」とは何ですか。

・デジタル・マーケティングにゲーム理論が有効な理由を100字以内で説明してください。

2. 講義内容に関する疑問

・グループ内での検討

・講師の回答

3. グループ・ディスカッションの課題「複雑化する判断基準」

複雑化する判断基準によって、観光関連業界においては、何がどのように変わるか、について話し合い、その一つを詳細にまとめてください。

第**11**章　DMPの活用

データの管理

　ここでは「データ」と一括りにしますが、それには、表にできる数値(構造化データ)はもちろん、写真、動画、音声、文章(非構造化データ)等の記録物全般が含まれます。こうした記録物は、明らかにしたいこと(目標)があり、そのための分析手法が決まると、分析に必要なデータとなります。分析手法が決まった段階で、データを収集するのが一般的な流れですが、事前に記録物が用意されていて、その中からデータを抜き出すことができれば、作業時間を大幅に短縮することができます。また、多様な記録物が用意されていれば、それらをデータとして使用できる分析手法を選択することができるので、多面的な分析が可能になり、考察の精度が上がります。つまり、記録物は全てデータであり、可能な限り多様かつ大量に用意しておくことが望ましいと言えます。

　ただし、データを用意しておくには、データの管理が必須です。データの管理とは、①収集、処理、検証、更新を基本とし、②それを安全に保管しておくこと、③保管したデータを使いやすいように整理しておくことを指します。いずれも、分析者が自身で行うことが最も合理的で効率的ですから、分析も含めた一連の作業を請負う専門業者が存在し、対価を支払い分析結果のみを手に入れることも多いと思います。しかし、結果を見ながら、分析手法を変え、より明快な結果を得ることができなくなりますし、分析の過程で生まれる新たな発見を逃してしまうこともあります。さらに、当然のことですが、専門業者が扱っていないデータを分析することはできないので、必要と思われる資料の存在を知っても、それを分析するためには、別の専門業者と改めて契約しなおさなければなりません。

　データの管理にはかなりのコストがかかりますし、機密情報や個人情報等の保管には人為的なミスがつきまとうため、専門業者に一括委託する選択肢を全否定することはできませんが、様々な情報によって意思決定が多様に変化し、その分析手法も続々と考案されている現状を考えると、真に利用可能な分析結果を自分たちで手に入れることができる体制を構築しておくことも重要です。そのために提唱され、運用され始めているのが、DMP(Data Management Platform)です。

　DMPは、様々なデータをインターネット上で一元管理し、利用者が必要なデータを自身の利用に適した形式に転換して利用できるシステムです。通常は、様々な分析ツールもセットされるため、分析結果を自分で確認することができますし、データが分散、重複しないので、データ管理にかかる、安全性、効率性、費用対効果も向上します。また、既に構築されているDMPに参加するのであれば、有償であってもデータ管理の手間が大幅に縮小されるため、それに要する時間や労力をマーケティングにまわせます。さらに、管理に係るストレスが低減することで、作業効率が上がり、市場の調査、分析、対応を同時に行う複雑なマーケティング・オペレーションを試みる余裕が生まれます。

　観光地経営におけるDMPを考えると、事業所内にDMPを構築するよりも、当該観光地にDMPを導入する方が効果的です。当該観光地内の事業所が観光地のマーケティング分析を行う際に使用するデータは共通するものが多いからです。DMPを自社内に導入する予定がある事業所も、全体のDMPに接続できるシステムにすれば導入費用を軽減できます。さらに、乗り越えなければならない壁は多いでしょうが、観光地の規模や評価を示す最も重要な数的指標である宿泊者の詳細データを共有することができれば、当該観光地のプレイス・マーケティングの精度は大幅にアップすると考えられます。本章では、実際に運用、提供されている「日本観光振興デジタルプラットフォーム」、「RESAS」、「観光予報プラットフォーム」を紹介し、現状におけるDMPの活用の仕方を考えていきたいと思います。

11-1 日本観光振興デジタルプラットフォーム

日本観光振興デジタルプラットフォーム（以下、DPF）は、2022年度より日本観光振興協会が中心になって企画、運営している観光DMPで、データベースとなる「全国観光DMP」、基本分析のための「高度化地域DMP：基本機能」、応用分析のための「高度化地域DMP：拡張機能」から構成されています（図11-1）[1][2]。DPFには、スマート観光を実現、拡充するというビジョンに向けて、実証実験を重ねながら、実践的なシステム構築を計画的に進めている点や突発的な状態異常（緊急事態）に対処するOODAを前提とし、観光DXによる即時対応を目指している点等、今後、観光関連団体が独自の観光DMPを構築する場合に参考にすべき点が多く盛り込まれています[3]。

DMPを実戦配備するためには、相反する二つの問題をクリアする必要があります。一つは、多くのデータを「単純な」操作で活用できる環境を用意することで、もう一つは、現場での業務から感覚的に分かることではなく、「複雑な」分析で深層にある事実や傾向を探り出すことができる環境を用意することです。前者をクリアしなければ、利用者が生まれず、後者をクリアしなければ、デジタル化による価値が生まれません。せっかく構築したシステムを無用の長物にしてしまわないために、DPFでは、地域のデータ活用、DMPへの関心、取組みの状況と課題を把握し、想定する利用者（地域）を初級、中級、上級に分け、各レベルに応じた活用モデルを実践例と共に提案しています。現状においては、初級に分類される利用者が圧倒的に多く、まずは「全国観光DMP」を単純な操作で活用できるようにした上で、順次、レベルアップさせていきます。つまり、DPFの中で活用人材を育成することによって、上記二つの問題がクリアされます。利用者は自らのレベルを認識し、それに応じて用意されるプログラムをこなせば、当面の課題に対処できます。システム全体を三つのサブシステムで構成し、各機能と利用者のマッチングを行っている点がDPFの大きな特徴になっています。

11-2 RESAS

RESAS（Regional Economy Society Analyzing System：リーサス、地域経済分析システム）は、内閣官房と経済産業省が2015年4月より提供している地域データの分析サイトです[4]。所在や形式が異なり分析の準備までに時間がかかるデータを組み合わせて、簡単にグラフや地図を作成でき、それらを地域間で比較することも可能です。高額なビッグデータを無料で使用できることも大きな魅力です。

RESASは九つの大項目（人口マップ、地域経済循環マップ、産業構造マップ、企業活動マップ、消費マップ、観光マップ、まちづくりマップ、医療・福祉マップ、地方財政マップ）によって構成され、その下に2～11の中項目が設定されています（図11-2）[5]。開設当時の総メニュー数は25でしたが、2024年6月時点のそれは86にまで増えています。メニューは単体で使用することが基本ですが、「データ分析支援機能」を使うと、設定された目的に対して対話形式で図表を描くことができ、読み取るべきポイントが明示されるので、データ分析に慣れていない方でも基本的な分析を行うことが可能です。搭載されている「サマリー」機能を使うと、選択した自治体ごとに、RESASに搭載されているデータをダウンロード（EXCEL形式）することができます。要約が付いているので、出力結果をそのまま利用することもできますが、図表の変形が容易になるので、レポートの作成に向いています。また、「ダッシュボード」機能を使うと、作成した地図やグラフの設定条件を30件まで登録しておくことができます[6]。

RESASは、DMPとしての条件を十分に満たしていますが、RAIDA（レイダ、デジタル田園都市国家構想データ分析評価プラットフォーム）と組み合わせることで、地域が直面している課題をさらに深掘りすることができます[7]。RAIDAは、内閣官房と内閣府が提供している地域データの分析サイトで、「感染症回復：旅行」、「物価高騰・円安」、「デジタル実装」の3テーマが用意されています。「感染症回復：旅行」では、COVID-19のパンデミックからの回復動向を都道府県別に見ることができます。

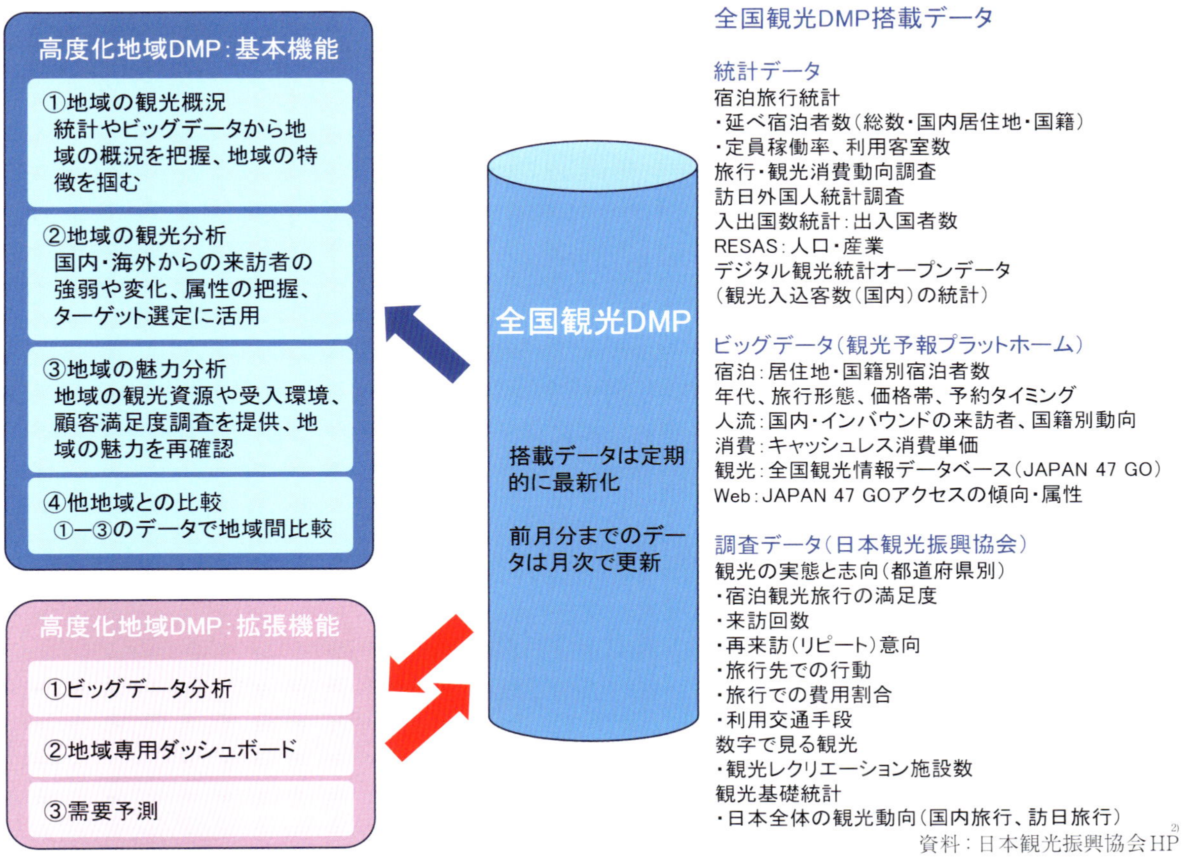

全国観光DMP搭載データ

統計データ
宿泊旅行統計
・延べ宿泊者数（総数・国内居住地・国籍）
・定員稼働率、利用客室数
旅行・観光消費動向調査
訪日外国人統計調査
入出国数統計：出入国者数
RESAS：人口・産業
デジタル観光統計オープンデータ
（観光入込客数（国内）の統計）

ビッグデータ（観光予報プラットホーム）
宿泊：居住地・国籍別宿泊者数
年代、旅行形態、価格帯、予約タイミング
人流：国内・インバウンドの来訪者、国籍別動向
消費：キャッシュレス消費単価
観光：全国観光情報データベース（JAPAN 47 GO）
Web：JAPAN 47 GOアクセスの傾向・属性

調査データ（日本観光振興協会）
観光の実態と志向（都道府県別）
・宿泊観光旅行の満足度
・来訪回数
・再来訪（リピート）意向
・旅行先での行動
・旅行での費用割合
・利用交通手段
数字で見る観光
・観光レクリエーション施設数
観光基礎統計
・日本全体の観光動向（国内旅行、訪日旅行）

資料：日本観光振興協会HP[2]

高度化地域DMP：基本機能

①地域の観光概況
統計やビッグデータから地域の概況を把握、地域の特徴を掴む

②地域の観光分析
国内・海外からの来訪者の強弱や変化、属性の把握、ターゲット選定に活用

③地域の魅力分析
地域の観光資源や受入環境、顧客満足度調査を提供、地域の魅力を再確認

④他地域との比較
①—③のデータで地域間比較

全国観光DMP

搭載データは定期的に最新化

前月分までのデータは月次で更新

高度化地域DMP：拡張機能

①ビッグデータ分析

②地域専用ダッシュボード

③需要予測

図11-1　日本観光振興デジタルプラットフォーム

---

1. 人口マップ
1−1. 人口構成
1−2. 人口増減
1−3. 人口の自然増減
1−4. 人口の社会増減
1−5. 新卒者就職・進学
1−6. 将来人口推計
1−7. 人口メッシュ
1−8. 将来人口メッシュ
2. 地域経済循環マップ
2−1. 地域経済循環図
2−2. 生産分析
2−3. 分配分析
2−4. 支出分析
3. 産業構造マップ
＜全産業＞
3−1−1. 全産業の構造
3−1−2. 稼ぐ力分析
3−1−3. 企業数
3−1−4. 事業所数
3−1−5. 従業者数（事業所単位）
3−1−6. 付加価値額（企業単位）
3−1−7. 労働生産性（企業単位）
＜製造業＞
3−2−1. 製造業の構造
3−2−2. 製造業の比較
3−2−3. 製造品出荷額等
＜小売・卸売業＞
3−3−1. 商業の構造
3−3−2. 商業の比較
3−3−3. 年間商品販売額
＜農業＞
3−4−1. 農業の構造
3−4−2. 農業産出額
3−4−3. 農地分析
3−4−4. 農業者分析

＜林業＞
3−5−1. 林業総収入
3−5−2. 山林分析
3−5−3. 林業者分析
＜水産業＞
3−6−1. 海面漁獲物等販売金額
3−6−2. 海面漁船・養殖面積等分析
3−6−3. 海面漁業者分析
3−6−4. 内水面漁獲物等販売金額
3−6−5. 内水面漁船・養殖面積等分析
3−6−6. 内水面漁業者分析
＜雇用＞
3−7−1. 一人当たり賃金
3−7−2. 有効求人倍率
3−7−3. 求人・求職者構造分析
3−7−4. 求人情報の比較
＜エネルギー＞
3−8. エネルギー消費分析
4. 企業活動マップ
＜企業情報＞
4−1−1. 表彰・補助金採択
4−1−2. 創業比率
4−1−3. 黒字赤字企業比率
4−1−4. 中小・小規模企業財務比較
＜海外取引＞
4−2−1. 海外への企業進出動向
4−2−2. 輸出入取引
4−2−3. 企業の海外取引額分析
＜研究開発＞
4−3−1. 研究開発費の比較
4−3−2. 特許分布図
5. 消費マップ
5−1. 消費の傾向（POSデータ）
5−2. From-to分析（POSデータ）
5−3. 外国人消費の比較（クレジットカード）
5−4. 外国人消費の構造（クレジットカード）
5−5. 外国人消費の比較（免税取引）
5−6. 外国人消費の構造（免税取引）

5−7. キャッシュレス加盟店数（ポイント還元事業）
5−8. キャッシュレス決済データ（ポイント還元事業）
6. 観光マップ
6−1. 目的地分析
6−2. From-to分析（宿泊者）
6−3. 宿泊施設
6−4. 外国人訪問分析
6−5. 外国人滞在分析
6−6. 外国人メッシュ
6−7. 外国人入出国空港分析
6−8. 外国人移動相関分析
6−9. 外国人経路分析
7. まちづくりマップ
7−1. From-to分析（滞在人口）
7−2. 滞在人口率
7−3. 通勤通学人口
7−4. 流動人口メッシュ
7−5. 建物利用状況
7−6. 事業所立地動向
7−7. 不動産取引
7−8. 近距離移動時間分析
7−9. 国内移動時間分析
7−10. 社会教育施設・講座利用状況
7−11. 都市構造の分析（人口動向）
8. 医療・福祉マップ
8−1. 医療需給
8−2. 介護需給
9. 地方財政マップ
9−1. 自治体財政状況の比較
9−2. 一人当たり地方税
9−3. 一人当たり市町村民税法人分
9−4. 一人当たり固定資産税

転載：内閣官房（2024）[5]

図11-2　RESASメニュー一覧

11-3 観光予報プラットフォーム

　観光予報プラットフォーム（予報＝forecastから以下、FPF）は、旅行会社等から提供される合計約1.5億泊（2022年8月1日時点）の旅行、宿泊関連のビッグデータと中央省庁、自治体、各種団体、民間企業が公開または保有している観光関連のデータを提供し、日本観光振興デジタルプラットフォーム（DPF）における「全国観光DMP」の一部を構成します[8]。同DMPにおいて、RESASは統計データ、FPFはビッグデータに位置づけられていますが、RESASの観光マップではFPFのデータが使われているのでRESASでもビッグデータの一部を可視化することができます。

　FPFでは、無料会員でも観光予報や観光実績の単純集計を閲覧することが可能です。また、有料会員になれば、観光実績のクロス集計や外国人出入国統計を出力することが可能になるほか、観光動向レポートを参考にすることができます。同レポートは過去1年分の情報を月単位にまとめて示すもので、その解説が示されるわけではありません。FPFは、単体でも十分にビッグデータに特化したDMPと見なすことができますが、例えば、地域に対する観光動向レポートが生成AIによって文章化される機能が付加されると、実用性がより高まると思われます。データやその出力方法の高度化に利用者の解析能力が追いつかない問題がクリアされるからです。

　現状のFPFが有する最大の特徴は、その名称の通り「予報」です。FPFでは、宿泊予約に関するデータから、6か月先までの混雑状況、国内外旅行者の推定増加率、宿泊予測値を知ることができます（**図11-3**）。将来予測はマーケティングの根幹であり、最も難解な問題であるため、高い解析能力が要求されてきました。前述の観光動向レポートの文章化にも関連しますが、その部分がたとえ短期の機械的な解析であったとしても、将来を容易に確認できるようになることは、DMPの垣根を低くすることに繋がり、専門的な知識を持たない人にもマーケティングに取り組む機会を創出すると考えられます。

11-4 現状におけるDMPの活用の仕方

　「単純な」操作で「複雑な」分析、というDMPが抱える問題の対処方法については、日本観光振興協会が一つの方向性を示していますが、より根源的な問題は、DMPに対する関心がまだ低いということであり、それは利用者となるはずの自治体、事業者が手軽にDMPに触れる機会が少ないことに起因します。データを収集、更新し、システムを維持していくためには相応の費用がかかるので、運営側が利用を有償化するのは当然ですが、講習会や勉強会の開催、実践事例の公開等については、なるべくフリーにして接点を増やしていくことが望まれます。また、突発的な状態異常（緊急事態）の情報を発信し、当該サイトへの定期的な閲覧者を増やすことも有効と思われます。一方、自治体や事業者は、無償DMPでその利用価値を体感しておくことが、有償DMPの登録、活用による分析の精緻化に繋がります。

　重要な点は、明確な目的意識を持ってDMPの試用に臨むということです。DMPに限らず、新たなシステムを習熟しようとする場合、自身が抱える課題をテーマに据えると効率が上がります。筆者が手掛ける粒子線治療を主目的とするメディカル・ツーリズムを例に挙げると、国勢調査による全国の人口分布図の上に現在稼働している粒子線治療施設を中心とするバッファ（距離帯）を重ねて、長期滞在が必要になるターゲットの居住域を地図化するところまでは、自分のPCで操作可能です（**図11-4**）。しかし、そこからは、行楽を目的とする観光のon/offシーズンやそうした旅行者の滞留場所、滞留時間等を考慮しないと、落ち着いて静かに過ごせるメディカル・ツーリズムを商品として造成していくことができないので（受入施設や価格設定等）、観光DMPのデータと分析機能が必要になります。

　自治体や事業者がDMPを活用する場合も、DMPの活用を目的にするのではなく、行なわなければならない市場調査を簡易的にでも自身で行なった後に、その完成度を上げるためにDMPの機能を借りるというような使い方をする方が現実的ですし、理解も深まりやすいと考えます。

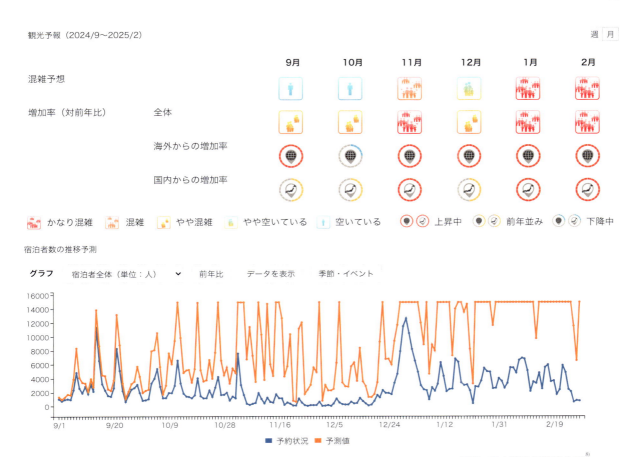

図11-3　観光予報プラットフォーム　山形市蔵王温泉

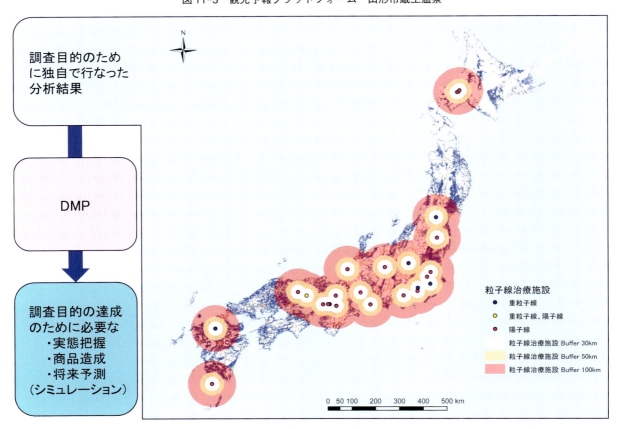

図11-4　粒子線治療施設の利用者分析からみたDMPの位置づけ（事例）

《第11回　ワークシート》

1. 本講義の理解

・「DMP」とは何ですか。

_____

_____

_____

・「RESAS」とは何ですか。

_____

_____

_____

・日本観光振興デジタルプラットフォームのシステム上の特徴を100字以内で説明してください。

2. 講義内容に関する疑問

_____

_____

_____

・グループ内での検討

_____

_____

_____

・講師の回答

_____

_____

_____

3. グループ・ディスカッションの課題「ビッグデータ」

ビッグデータに関する情報を出し合い、観光地経営におけるビッグデータの活用方法を提案してください（ヒント：RESASの「観光マップ」を参照してみてはいかがでしょう）。

_____

_____

_____

_____

_____

第12章　アントレプレナーシップ

ベンチャーから学ぶ

　ドラッカー(1985)は、「アントレプレナーシップという言葉は、経済の世界で生まれはしたものの、経済の領域に限定されるものではない。人間の実存に関わる活動を除くあらゆる人間活動に適用される」とし、「変化を探し、変化に対応し、変化を機会として利用する」のがアントレプレナーであると述べています。アントレプレナーシップは、「起業家精神」ではなく、それも含めた「企業家精神」と訳されますが[1]、ここでは主に起業家の行動からアントレプレナーシップを考えます。

　IMDの『世界競争力ランキング』によれば、2024年における日本の総合評価は、67カ国中38位、事業効率では51位です[2]。対米貿易黒字に悩んでいた1980年代の日本は既になく、後発の国々に追い越されているというのが現状です。ビジネスの効率を上げ、生き残っていくためには、クリステンセン(1997)が言うところの「破壊的イノベーション」が必要であり[3]、そのためには、何もないところから、新たに事業を立ち上げる方を増やしていくことはもちろん、既に事業を経営されている方が、今一度、起業時代や学び始めの時期に立ち返ってみることも重要だと思われます。

　既に事業を経営されている方を「企業家」、これから事業を興そうとしている方を「起業家」とすれば、両者の違いは、ビジネス環境にあります。既に整備された環境でビジネスを継続するのと、未整備の環境下で新たなビジネスを立ち上げようとするのでは、環境に対する注意の度合いが大きく異なります。企業家が起業家から学ばなければならないことの一つ目は、ビジネス環境の整備方法です。企業家は、まずは、既存の外部／内部環境を観察し、「これでいいのか？」、「最適なのか？」、「何が必要なのか？」、「どこまで必要なのか？」というクリティカル・シンキング（第1章第3節参照）を挑戦的でありながらも慎重な起業家の視点で行い、ビジネス環境を再チェックすべきです。

　二つ目は、意思決定の根拠とタイミングです。失敗が終焉を意味する起業家にとって、決断の勇気は、事業の成功を裏づける明確な根拠によって生まれますし、実行のタイミングについても、「機を見る目」が必要になります。企業家にも同様のことが言えますが、起業家の着眼、発想や行動の機敏さ、大胆さ等、企業家が見習うことも多いはずです。意思決定のタイミングは待っていれば来るというものではなく、流れを読み、機会を作り、引き寄せるものだからです。

　三つ目は、事業企画の方法です。起業家の企画は、補助金の獲得や融資の承認に直結するため、分かりやすく端的にまとめられ、説得力のあるものでなければなりません。起業家は、事業の合理性、論理性を吟味し、まず自身が十分に納得した上で企画書を作成しますが、そこに上からの指示があるわけではありません。自由な発想しかない状況で、彼らがどんな方法で事業の内容を考え、その成功を確信するに至るかを知ることは、事業企画の基礎を知ることでもあります。

　四つ目は、三つ目に含まれることでもありますが、資金が乏しい起業家は、金銭的リスクを最小限に抑える必要があります。そのため、大きな問題が生じる前に、そうならないような策を講じるか、そうなった際の対応を準備しておくリスクヘッジを用意します。企業家にとっては、危機管理がこれにあたりますが、先が読めない昨今の社会経済情勢の下で、事業を存続させるために、背水の陣から生まれる起業家の「攻めのリスクヘッジ」は一考に値するはずです。

　本章では、起業家の視点、決意、気構えを持って、企業家が経営を見直し、イノベーションに結びつけていくことを念頭に置き、地方における観光関連産業の起業家が行う、環境整備、意思決定、事業企画、リスクヘッジを紹介していきたいと思います。

12-1 「社会力」による環境整備

　起業家が創業時に行うビジネス環境の整備を外部環境と内部環境に分けて整理してみると、外部環境については、働きかけてなんとかなる部分が少ないということはもちろんですが、その上で、起業家は、前述した「これでいいのか？」、「最適なのか？」、「何が必要なのか？」、「どこまで必要なのか？」というクリティカル・シンキングによる問いかけに、「これでやるしかない」、「適応する」、「あるものでやる」、「やれるところまで」という姿勢で臨みます。観光関連産業は、他産業よりも外部環境への依存度は高くなりますが、どうしても既存企業は外部環境の変化と構築してきた内部環境とのバランスを取ろうとします。それに対し、新規企業は外部環境からスタートして内部環境をそれに合わせて整備します。これは、新規企業が外部環境への対応と内部環境の整備を同時に進めていかなければならない状況にあるためですが、既存企業が行うべき企業の社会的責任（CSR）の根幹でもあります。

　しかしながら、新規企業が内部環境を整備するために確保できるスタッフの数、知識、経験は常に十分ではありません。この問題を克服するために、起業家は近隣住民や隣接産業の事業所に対して、場合によっては同一産業の事業所に対しても、積極的な「人付き合い」（コミュニケーション）を展開します（図12-1）。これは、ワークショップやゴルフといった定型のものだけではなく、住民活動、ボランティア、相談等、様々な形で行われ、人脈を構築していきます。「人付き合い」は直接的な収益には繋がりませんが、その過程で、彼らは地域の情報を収集し、ローカルな外部環境に対する理解度を深めますし、多種多様な「隣人」から指南され、支援されます。住民の隣人愛や団結力、言わば、地域の持つ「社会力」によって、彼らは「この土地でやれるところまでやる、やれる」と考えるようになりますし、地域もまた彼らを好意を持って受け入れるようになります。結果的に、会計以外のほぼ全ての内部環境になんらかの形で「隣人」が関与し、自社内でのスタッフ、知識、経験不足が緩和、解消されます。

12-2 意思決定（見込み、見極め、決断）

　企画から生産、販売までの流れを、仮に、アイデア、企画、資金調達、チーム編成、試作と生産、宣伝や広告（プロモーション）に分けて考えると、既存企業は、それらを各部署が分担し、前の部署がその役割を全うした完成品を次の部署が受け、検討するという流れになります。この流れは、組織が完成している大企業であるほど完璧にこなされますし、自治体であれば尚の事です。

　しかしながら、組織化が未完の新規企業においては、上記のプロセスが完全に分けられることなく進められます（図12-2）。特に、観光関連産業の起業したての事業所においては、それらはほぼ同時進行します。そうした事業所は、自治体（の職員）、住民、近隣事業所（の経営者）との関連が、個人レベルの関係で繋がっていて、相談や情報交換が日常的に行われているため、アイデアを出しながら、それぞれの企画が検討され、その場でチームが編成されます。そして、その過程で断念と採用が決定されていきますし、問題が見つかった場合の対応も迅速に行われます。当該事業所の経営者（起業家）は、最終的な決定者ですが、周囲からの意見（指南、指導や協力、連携の程度）を受けて見極めを行います。熟考しないというわけではなく、熟考だけで決定しないということが、このスピード感の中で必要とされる点が重要だと思われます。ただし、早すぎる断念の見切りが続くと、出来ないことを乗り越える企業努力が後回しにされ、長期的な企業発達が阻害されるという「ボトルネック」の問題が発生します。

　各フェーズの同時進行は、小規模事業所の苦肉の策であることは確かですが、そこに部外者による気楽な一言や他業種からの意見が加わることによって、発想の転換や深化が進み、情報が見える化、集積されて経営に活かされていきます【ナレッジ経営】。また、必然的に小ロット生産の売り切りが基本になりますし【リーン生産】、消費者（モニター）が常に隣にいて顧客意見対応型の営業【ソリューション営業】が実践されているので、既存企業が参考にすべき箇所も多くあります。

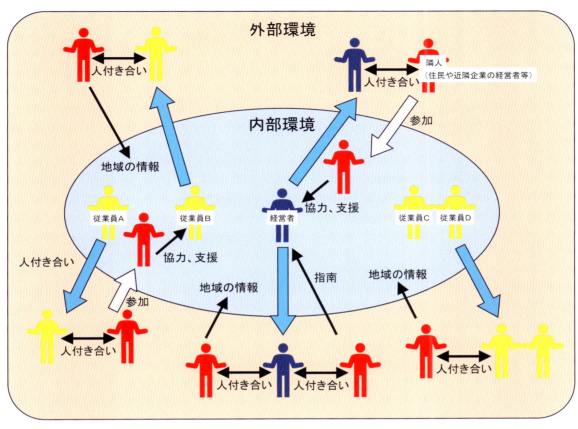

図12-1　地方農村域における新規事業所の「人付き合い」

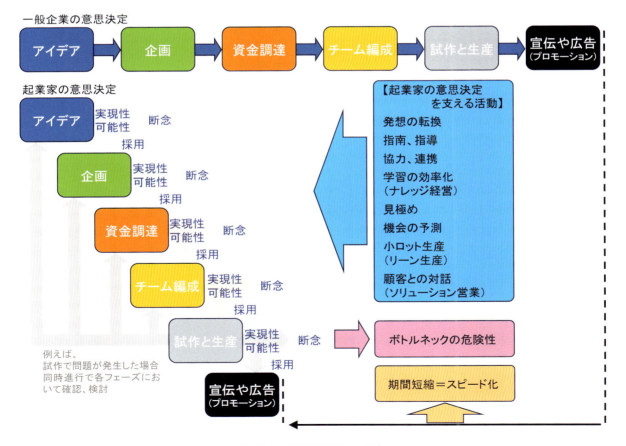

図12-2　起業家のスピード感

12-3 起業家の事業企画

　起業家がファイナンスに関わる場面で提示する企画は、資金の融資元や補助金の応募先からの承認を受ける必要があります。企画の内容は、論理的に構築されたものでなければいけませんし、何よりも、事業目標を達成できるものであることが重要です。

　外部環境への依存度が高い観光関連産業の新規事業は、活動する地域は移動できる範囲、スタッフは内部と外部の人材が混在、という一見曖昧なポジショニングになります（図12-3）。商品造成のために調達しなければならない資源が、自然環境に代表される地域の共有資源であることが多いためと、他社との連携や自治体、住民からの賛同がなければ活動が成り立たないためです。その結果、「楽しく活動しているうちに、仲間が増えて、地域の活性が高まっていく未来」のような、自社中心ではなく、地域全体を対象にしたビジョンを設定する傾向にあります。

　企画者である起業家は、曖昧なポジションをとり、早い段階から未完の企画を露出させて、地域と共有できるビジョンを提示し、隣人（自治体、近隣事業者、住民）と相談しながら、企画を修正していくことで彼らの賛同を得て連携や協力を依頼します。機会も場所も異なる状況で、何度も説明を繰り返すことによって、企画の精度は上がり、企画者には「やれる」という確信が生まれます。そして、事業目標達成の確信が生まれた時点で、曖昧なポジショニングは明快なポジショニングに変わります。

　Ansoff（1965）の戦略マトリクスから、上記の起業家の行動を解釈すると、当初は新商品を新規の市場で販売する多角化戦略を想定していたかもしれませんが、相談を繰り返すことで既存商品を既存市場で販売する市場浸透型戦略に落ち着く可能性が高くなります[4]。ただし、それでは生き抜くことはできないので、製品開発や市場開拓を狙う企画に修正することになるでしょう。つまり、一連の行動によって、起業家は安全、安定圏からスタートし、活動を刻みながら、多角化戦略を目指すことになります。

12-4 攻めのリスクヘッジ

　起業家は、地域と共有できるビジョンを設定することで、隣人と相談して事業を実施します。この事業は、市場浸透型の戦略ですし、既存事業の事業展開よりも早くから開始できることから、当面は安定します（図12-4、b^1；以下、図中に示した記号を使用）。しかし、時間が経過し、b^1がb^2に移行すると、既存企業の事業a^1と同一の既存市場Aで競合することになるので、新規企業の事業はb^3にまで収益が低下し、最終的には市場から撤退することになるでしょう。市場浸透型の戦略が成功し、既存企業と共存できることもあるでしょうが、b^1の開始時点でb^3を想定するのが起業家のリスク認知ですから、彼はb^1と同時に、既存企業の市場と一部重複しつつも、新規市場Bを開拓するb^4を開始します。

　旅行者のニーズが多様化しているため、観光関連産業は、他産業に比べてセグメンテーションは容易なので、実際には、同産業の起業家はb^4のような事業を複数展開します。もちろん、そこにはアイデアの創出が不可欠となります。不測の事態や新たな流行によって、b^4はb^5のように事業の途中で中止されることもありますが、そうした事態に対応するためにもb^4の複数展開は必要になります。小規模事業所が複数の新事業にオーバーワーク気味に挑戦するのは無謀にも思えますが、それが彼らの「攻めのリスクヘッジ」となります。なお、筆者の観察では、小規模観光地においてニッチな市場に敢えて参入する更なる起業家は少ないのですが、その場合は、当初から競合よりも相互協力が選択されます。

　アイデアやスタッフに余力のある起業家や当初から明確な多角化戦略を用意している起業家は、b^1、b^4に併せて、b^6を企画します。新規市場で新商品を販売するb^6にかかるリスクは容易に想像できるので、開始時期はb^1やb^4よりも後ろになることもありますが、b^6に取り組み、成功することが起業の醍醐味であることは明らかです。そして、それが達成された場合は、b^6は当該地の観光関連産業にイノベーションを引き起こしますし、既存市場の衰退に対する地域全体のリスクヘッジにもなります。

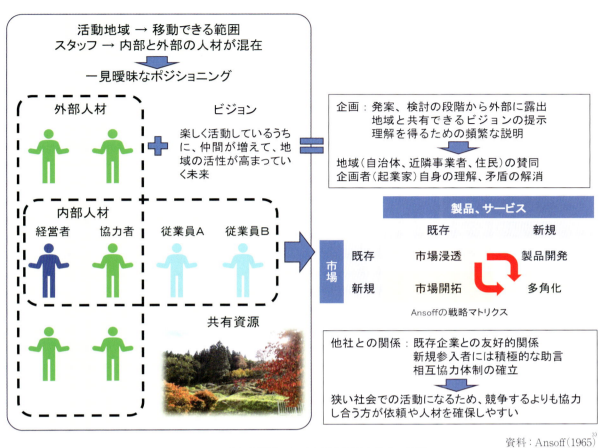

図12-3 地方農村域における観光関連事業者の起業

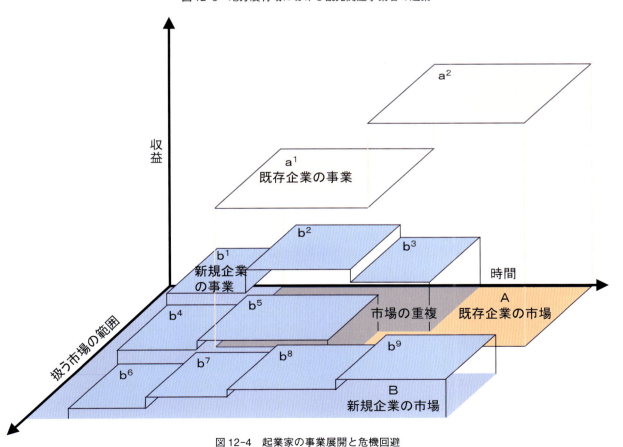

図12-4 起業家の事業展開と危機回避

《第12回　ワークシート》

1.　本講義の理解

・「アントレプレナー・シップ」とは何ですか。

_____

_____

_____

・長期的な企業発達における「ボトルネック」とは何ですか。

_____

_____

_____

・「攻めのリスクヘッジ」が地域全体のリスクヘッジにもなる理由を100字以内で説明してください。

2.　講義内容に関する疑問

_____

_____

_____

・グループ内での検討

_____

_____

_____

・講師の回答

_____

_____

_____

3.　グループ・ディスカッションの課題「ソリューション営業」

顧客意見対応型の営業方法であるソリューション営業の詳細を調べ、観光商品の営業に活かす方法を、具体的に提案してください。

_____

_____

_____

_____

_____

_____

第13章　ブランディング

プレイス・ブランディングの課題

　ブランドとは、価値が評価されている商品やサービス（以下、商品）を指しますが、そうした商品を扱う部門、さらには、それを統括する組織全体を指す場合もあります。評価される対象が大きくなるほど評価に応える責任は大きくなりますし、その責任に対する評価も加わることによって、信用が創造されます。このようなプロセスは組織の階層ごとに発生するため、ブランドも階層的に形成され、商品ブランド、事業ブランド、企業ブランドといったブランド階層が生まれます。また、創造された信用が定着すると、それが当該ブランドが有する資産価値（ブランド・エクイティ）となり、価格設定にも少なからぬ影響を及ぼします。ブランディングとは、上記プロセスによって段階的、階層的に創出されるブランド・エクイティを人為的に（計画的に）作り出し、高めていく作業です。

　本書では、理論編、技能編、共に観光地経営に必要なマーケティングは、場所（プレイス）の価値創出を目的とするプレイス・マーケティング（以下、PM）であり、人を呼び寄せる仕組みをステークホルダーの連携強化によって作り上げるという目標を一貫して提示しています。この目標の下でブランディングを行うのであれば、場所の価値に対するプレイス・ブランディング（以下、PB）が必然のように思われますが、PBを進めていくためには、以下の二つの課題をクリアする必要があります。

　一つ目は、PMで創出される場所の価値とは、他にはないという希少性や、他よりも優れているという優位性が強調された場所のイメージだという点です。商品の持つ利用価値を演出し、それを保証していくことでブランド・エクイティを高めていく一般のブランディングに対して、PBは観光地の資産価値として創出された場所イメージを保証するために既存／新規の商品を活用するという逆の思考に基づき、場所イメージと商品の価値を整理、調整していくことが必要になります。二つ目は、未だ実践のための方法論が確立されていないPBをPMのアクションプランの一つとして実施するためには、当該観光地独自の方法論が必要になるという点です。「ファネル効果」によって消費者に関心を絞り込ませていくプロモーションではなく、ブランドによって一気に消費者の関心を集め、その恩恵を組織の資産価値として取り込んでいくブランディングを観光地が行う場合、得られる恩恵を観光地全域に配分する方法を当該観光地の実状に合わせて考案しなければなりません。

　例えば、既に社会的に定着している「地域ブランド」は、商品ブランドの階層に位置しますが、それと地域の価値との関係について検証している地域は少ないと思います。内閣府（2005）は、「地域ブランド」を"地域＋商品・サービスを名称とすることによって、それ自体を一体化して、商品・サービス、ひいては地域そのものの価値を高めようとするもの"としていますが、地域単位で考えると、商品を製造する工場とそれを卸す業者は別々の経営ですし、彼らと市町村、都道府県の関係はさらに曖昧になるため、階層的に「地域そのものの価値」の創出に至っているかは疑問です。また、それによる地域の恩恵が分配される仕組みも分かりません。PBに関する理解が不完全なまま、「地域ブランド」という単語のみが独り歩きしている限り、それは「有名な商品名」でしかないということです。

　本章では、PMにおいてPBを実施するためには、まず、観光地内でのインターナル・ブランディングが必要であることを指摘し、ブランド・エクイティの基本を説明します。次に、「地域ブランド」のような形で定着している低階層のブランドを地域全体のブランディングに組み込み、ブランド階層を確立していくための方法を、広域に展開する観光地のPMを前提に紹介します。最後に、ブランディングの動態を、構築期、流行期、安定期に分けて整理してみたいと思います。

13-1 インターナル・ブランディング

PMは、地域内で開催される会合で想起されます（理論編第12章参照）。会合は、全体の合意を得る前に開催されるため、当初は少数の有志しか参加しませんが、失速せずに会合が繰り返されると、場所のイメージが共有され、希少性や優位性を加味した当該地が持つ場所の価値が確認（創出）されていきます。参加者はここまでの作業でかなりのエネルギーを消費し、それと引き換えに、域内の「場所」に対する認知度を上げていきます（図13-1）。さらに、創出された場所の価値を外部に発信するプレイス・プロモーション（以下、PP）がPMのアクションプランの一つとして企画、実施される段階に入ると（理論編第13章参照）、地域全体の活動として全体の合意を得る必要が生じ、当該地の優位性や突出性は、地域全体で再確認され、各ステークホルダーに自覚されていきます。

PPの企画、実施の段階で醸成される場所アイデンティティ（場所に対する自信や愛着）や地域アイデンティティ（地域全体に対する自信や愛着）は、会社のような確固たる結束力を持たない地域内のステークホルダーを結びつける唯一の共通理念となります。組織内において、商品価値を創造、共有、醸成していく作業は、インターナル・ブランディング、または、ブランド・オリエンテーションと呼ばれます。観光地全体を一つの組織に見立て、PPをPBによって進めるためには、上記の共通理念の形成が必須ですから、観光地内で意識的にインターナル・ブランディングを進めていく必要があります。「地域ブランド」が「有名な商品名」で終わってしまっているのも、「地域ブランド」が観光地経営のステークホルダー間の連携がないまま、販売されているためと考えられます。

PMの目的は、場所の価値創出ですが、付随的ではあれ、同程度に重要な目的としてステークホルダー間の連携強化が挙げられます。全ての活動が、合議によって決定されるPMでは、PBの有無に関係なく、インターナル・ブランディングは横方向の連携強化に極めて有効に作用します。

13-2 ブランド・エクイティの構築

前述のように、ブランド・エクイティとは、ブランドに付与される資産価値を指します。ケラー（2013）を参考にして、[3]PBにおけるブランド・エクイティの構築過程を説明すると、地域内で進められるインターナル・ブランディングはPBのためのポジショニングとなり、場所／地域アイデンティティが消費者に感覚的に受け取ってもらいたいブランド・アイデンティティとなります。[4]ブランド・エクイティは、消費者にそれらを①見つけてもらい、②理解してもらい、それに③反応してもらい、④関係してもらうことで、生まれ、堅固なものになっていきます（図13-2）。ケラーは、四つのアプローチに対応して構築されるブランド・エクイティを識別、特徴、判定、共鳴とする一方で、消費者が、ブランド・イメージのような感性から、それに対応する場合は、特徴は印象として残り、判定は好きや嫌いといった感情になって現れるとしています。

上記①、②、③、④は、段階的に進められるのが理想ですが、実際には、不特定多数の消費者に対して一斉に行われることになります。ブランド階層における商品ブランドに位置づけられる「地域ブランド」が明確なポジショニングの下で開発されているとすれば、①や②において活用され、地域全体のブランド・エクイティの構築に結びつきます。[5]また、③については、体験型観光が効果的に作用するでしょう。④は、①、②、③の反復によって育成されるファンに期待される行動ですが、それを強化するためには、ファンとの協働が必要になります。他地域からの企業参画や投資等による共鳴を期待するのであれば、関係人口創出の国家戦略と結びつけ、起業やUターンを考える人の思考や行動を取り込み、観光地開発に還元していくといった方向性を考えることが必要になると思われます。いずれにおいても、特記すべきは、それらを仕掛ける観光地側がそれぞれの意味や役割をしっかりと把握しておかなければ、消費者の意識をブランド・エクイティの構築に繋げていくことはできないということです。

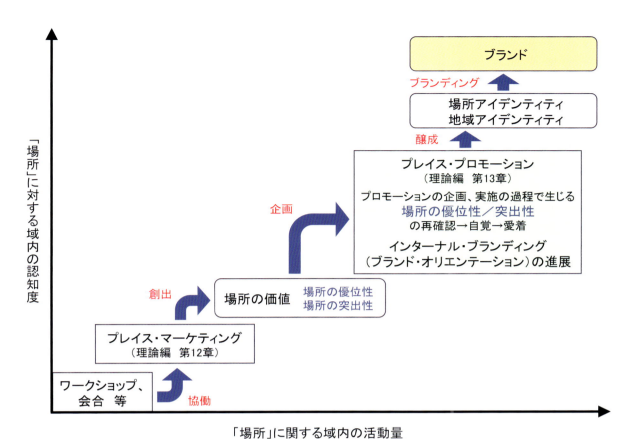

図13-1　観光地におけるインターナル・ブランディング（ブランド・オリエンテーション）

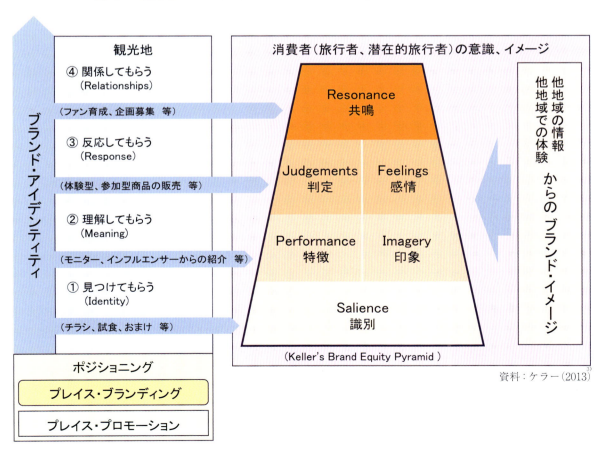

図13-2　ブランド・アイデンティによるブランド・エクイティの構築

13-3　プレイス・ブランディングの効果的な実践

　PBの対象観光地内において、当該PBを意識しない個別商品のブランディングやニューツーリズムの流行による新たな観光地の出現が目立ち始めると、消費者が混乱し、対象観光地のPBが効率的に行われなくなります。こうした問題を回避、解消していくためには、乱立するブランドを整理して、体系化し直すブランド・アーキテクチャーが必要になります。ブランド・アーキテクチャーを企業内で行う場合は、消費者の意見や動向を把握し、社内で検討するという流れになりますが、大小様々な事業所が混在する観光地においては、一つのブランドの販売戦略の中に別のブランドを登場させるブランド・インテグレーション[6]、ブランド同士を結合するブランド・アライアンス、発信力の弱いブランドを強化して後押しするブランド・エンドースメント等の目標を設定した方が、方向性を絞りやすくなります（図13-3）。これらの作業は大変ですが、だからこそ、当初からPBを進めておく必要があります。言い換えれば、広域の地域を管理し、様々な形で出現するブランドを相互に関連させ、複数の観光地を全域で管理、運営する場面でこそ、PBは効果を発揮し、ブランド・アーキテクチャーを、既存の市場を拡張する、または新市場を開拓するブランド・エクステンションにまで展開していくことが可能になります。これは、境域の観光地でPBを実施しても、PMの域を出ることができないということでもあります。

　PBはPMの延長上にあります。ブランド・アーキテクチャーに方向性を持たせて議論するのも、場所の価値創出であることに変わりありません。個別商品の生産者やニューツーリズムの事業者を招き入れ、議論を重ねることで、事業所間の横の連携も強化されますし、そこで新たに創出された場所の価値を基にして、ブランドが改変され、ブランド階層を確立することができれば、観光地としての理念的なまとまりも強化されます。国内でのベスト・プラクティスとして、広域連携DMOの一つである（一社）せとうち観光推進機構の活動が挙げられます[7]。参考にしてみてください。

13-4　ブランディングの動態

　第2節では、消費者の反応によって積み上げられていくブランド・エクイティをケラー（2013）のモデルから説明しましたが、ここでは消費者の反応に対応して、提案するブランド・アイデンティティを変えていかなければならないブランディングの動態を、生産者がブランド・エクイティを想定するアーカー（1991）のモデルを参考にして説明します[8]。

　アーカーが言う知覚品質（Perceive Quality）とは、生産者が自信を持って勧める商品の内容であり、ブランドの構築期においては最優先事項になります（図13-4）。この時点においては、まだブランドは認知（Brand Awareness）されていませんし、ブランド名からの連想（Brand Associations）されるイメージも弱いため、イメージアップと認知のために、スタートアップ用のプレミアム価値を付与することがブランディングの主な作業となります。プレミアム価値の付与とは、新商品購入のお得感を生むサービスの提供を意味しますが、小さすぎれば効果は得られませんし、大きすぎれば安物感に繋がります。同価値を評価し商品を選択した消費者層が、次期のブランディングのターゲットになります。

　売り上げが伸び、利益が上がる流行期に入ると、割安感がイメージとして定着した場合でも、割高感が品質やアフターサービスによって納得された場合でも、リピーターの確保とファンの育成がブランドの寿命を決定します。愛着（Brand Loyalty）の創出が、流行期における最優先事項と言えますが、それによって一定数の顧客が確保される安定期に入ると、他ブランドの出現等、時間経過による知覚品質の相対的低下が問題になります。また、外部環境の変化がなくても、「古さ」や「飽き」はイメージの低下をもたらします。反面、時間経過は信用や愛着を高めますから、高級ブランドのブランド・エクイティは、変化しないこともありえます。しかし、この段階において、ブランドの更新や新ブランドの開発を考えなければ、いずれは訪れる右下がりの局面を回避、改善することは難しくなります。

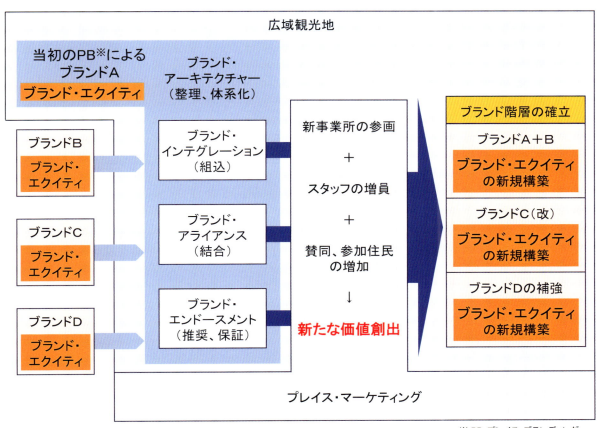

図13-3　ブランド・アーキテクチャーからブランド階層の確立へ

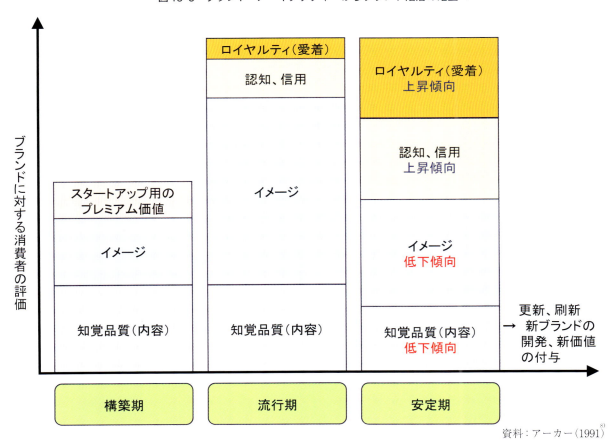

図13-4　ブランドの動態

《第13回　ワークシート》

1.　本講義の理解

・「ブランディング」とは何ですか。

_____

_____

_____

・プレイス・ブランディングにおける「ブランド・アイデンティティ」とは何ですか。

_____

_____

_____

・プレイス・ブランディングが広域の観光地で有効な理由を100字以内で説明してください。

2.　講義内容に関する疑問

_____

_____

_____

・グループ内での検討

_____

_____

_____

・講師の回答

_____

_____

_____

3.　グループ・ディスカッションの課題「ブランディングの動態」

観光に関係するブランドでなくても構いませんので、適当なブランドを一つ取り上げ、そのブランドの持続化の方策を提案してください。

_____

_____

_____

_____

_____

_____

第**14**章　DMOの役割

DMOが抱える課題

　2015年に制度化された日本版DMOは、2020年の「観光地域づくり法人の登録制度に関するガイドライン」の提示に伴い、観光地域づくり法人(以下、DMO)に改称され、観光地を含む地域の住民や他産業の事業所をも巻き込んだ観光地経営の中心に位置づけられています。DMOは、観光地経営に関わる自治体、事業所、住民とは異なり、当初からステークホルダーの合意形成を行い、当該観光地の進むべき方向を定めることを目的に作られた組織であるためです。

　しかし、実際にDMOを設立し、稼働させ、成果を上げることは容易ではありません。観光庁が、上記ガイドラインの提示以降、「「DMO」の形成・確立に係る手引き」(2021年)[1]、「観光地域づくり法人(DMO)における自主財源開発手法ガイドブック」(2022年)[2]、「観光地域づくり法人(DMO)による観光地域マーケティングガイドブック」(2022年)[3]、「観光地域づくり法人(DMO)による観光地経営ガイドブック」(2024年)[4]を相次いで提示しているのも、この実状を把握しているためです。観光地経営人材として観光地経営や観光地域づくりに参画する方は、これらの手引書やガイドブックに書かれている内容を身につけておく必要があります。加えて、2023年に改正された「観光地域づくり法人の登録制度に関するガイドライン」[5]によれば、DMOには、観光DX、持続可能な観光(SDGs対応)、財源確保の三つの重要施策の遂行が付加されました。前二つは、将来に向けた発展的施策であるのに対し、最後の一つは、現状に対する切実な課題解消施策です。大規模な設備投資が前提となる観光DXや持続可能な観光を実践するためには、相応の資金を要します。一方で、DMOの活動を支えるべき自治体の財政負担を今以上に増やすことはできません。本来、付加された重要施策に優先順位をつけることはできませんが、現実問題として、まずは財源確保に取り組まなければならないことは明白です。

　「観光地域づくり法人(DMO)における自主財源開発手法ガイドブック」によれば、DMOの行政からの補助金等を除く自主財源は、特定財源、公物管理受託、収益事業、会費等です。このうち、DMOが自身の活動によって増収が見込めるのは、収益事業ですが、ステークホルダーの合意形成を行い、当該観光地の進むべき方向を定めるというDMOの目的を達成するためには、公平、中立である必要があり、収益事業に積極的になりすぎると、ステークホルダーとの競合が発生し、公平、中立を保つことが難しくなります。もちろん、DMOの公平、中立が常にその自走、自立と相反する関係にあるわけではありません。収益事業をステークホルダーとの協働によって進め、少なくともステークホルダーが従前の利益を確保できるよう、可能であればそれを上回る結果が出るよう配慮すれば、逆にDMOの自走、自立を観光地内の連携強化に繋げられる可能性も生まれます。ステークホルダーも、協働による短期的な損益だけに左右されず、二次的、三次的な効果を判断材料にしていく必要があるでしょう。いずれにせよ、協働に関して、ステークホルダーは「DMOからの指示」を待つのではなく、「DMOへの注文」を考え、自分達からDMOを動かすという姿勢で臨むべきです。DMOを技能編の後半で扱うのも、観光地経営は、最終的に「ステークホルダーがDMOをどう活用するか」にかかっていると考えているためです。

　DMOは、対象とする地域のスケールによって、広域連携DMO、地域連携DMO、地域DMOに分けられ、2024年4月26日時点で、それぞれ10件、114件、177件が登録されています。本章では、現在稼働中のDMOを事例にして、観光地経営のステークホルダーがDMOを活用する際に、注意しなければならない、対象とする地域のスケールから生まれる各DMOの違いを説明し、それぞれの特徴(方向性、役割、課題)を私見も交えて紹介していきたいと思います。

14-1 (一社)東北観光推進機構

　(一社)東北観光推進機構は、東北6県(青森県、岩手県、宮城県、秋田県、山形県、福島県)と新潟県(以下、東北ブロック)を対象とする広域連携DMOです。同機構は、2007年に設立され、2017年に一般社団法人化し[6]、第1弾日本版DMO(現・登録DMO)41法人の一つとして登録されました。

　東北観光推進機構は、東北ブロックを着地とするインバウンド旅行者と国内長距離旅行者をターゲットとし、広域からの誘客を官民連携によって達成することで、観光によって東北ブロック全体の経済が活性化していくことを目的にしています。そのため、東北ブロック内での観光については、各県あるいは地域連携DMOが担当し、その詳細を各観光地あるいは地域DMOが担当するという階層的な体制づくりが進められています。ただし、この体制は役割分担を示すもので、上位階層が下位階層を包含するものではないため、同機構の活動に個人店舗の活動や住民レベルの活動は含まれていません。

　2021-2025年度における第5期中期計画には、新しい観光需要の創出、オール東北での観光地域づくり、持続可能な東北観光の実現、デジタルファーストの推進、受入環境の整備促進、震災・自然災害からの再生という六つの基本戦略が示され、それらを東北観光DMPの整備に代表される観光DXが支えていく構成になっています(図14-1)[7]。六つの戦略は個別に進められているわけではなく、それぞれに関連する訪日プロモーション、勉強会、人材育成、マーケティング分析、企画募集等が、年度ごとに策定、実施されています。2023年度の決算報告によれば、経常収益381百万円のうち、事業収益が8百万円(2.1％)であったのに対し、会費収益は242百万円(63.5％)でした。同機構の事業は、増収を目的とする収益事業というよりは、会費に見合う会員向けサービスの提供です。会員になっている自治体やDMOは、積極的に同サービスを利用すべきですし、要望を出していくことで、同機構の方向性も定まり、その存在意義も高められていくと思われます。

14-2 おもてなし山形(株)

　おもてなし山形(株)は、山形市を中核市とする連携中枢都市圏7市7町(山形市、寒河江市、上山市、村山市、天童市、東根市、尾花沢市、山辺町、中山町、河北町、西川町、朝日町、大江町、大石田町)を対象とする地域連携DMOで、2017年に設立され、2019年3月に第5弾日本版DMO21法人の一つとして登録されました。

　山形県の宿泊者の半分以上を山形市の蔵王温泉、上山市のかみのやま温泉、天童市の天童温泉で受け入れていることもあり、2015年10月、山形・上山・天童の三市連携観光地域づくり推進協議会が発足され、おもてなし山形の組織的な基盤となりました(図14-2)[8]。広域連携DMOが提案する戦略的提案と地域DMOや各観光地との間に入る地域連携DMOは、組織構造が複雑になるのが特徴です。おもてなし山形は、営利追求を強調するために、非営利事業を担当する同協議会と分離して設立されましたが、観光地経営において、両者の連携は必須なので、相互に連絡を取り合いながら、それぞれが担当する事業を進めています。また、2019年4月に山形市が中核市へ移行し、連携中枢都市圏を形成したことで、同協議会も7市7町による「DMOさくらんぼ山形」(未登録)となり、おもてなし山形の対象地域も7市7町にまで拡大されました。おもてなし山形は、対象地域を束ね、物産品の開発や旅行商品の造成、情報発信等の営利事業等を展開しています。しかし、財源確保のために行っている新電力事業や山形市のふるさと納税推進事業と地域連携DMOとしての機能との関連が明確化されておらず、事業者や住民が地域連携DMOの活動やその意味、意義を理解しにくくなっているという課題が生まれています[9]。

　複雑な組織構造、空間的範囲の拡大、事業計画の不統一感は、多種多様な事業をDMO登録からのわずか5年間で実装したことによるもので、その間にCOVID-19のパンデミックも発生しました。おもてなし山形の活動は、今後の調整によって、その効果を高めていくものと思われます。

図14-1　東北観光推進機構（広域連携DMO）の活動

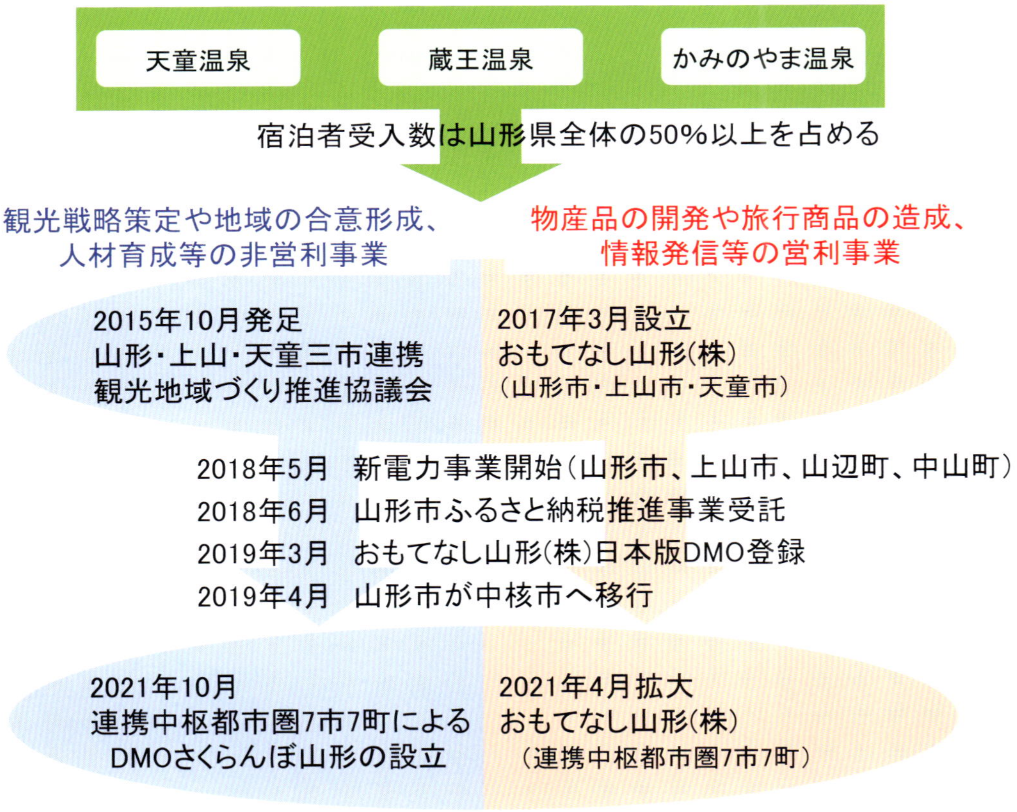

```
　　　天童温泉　　　蔵王温泉　　　かみのやま温泉
```

宿泊者受入数は山形県全体の50％以上を占める

観光戦略策定や地域の合意形成、　　物産品の開発や旅行商品の造成、
　　　　人材育成等の非営利事業　　　　　　　情報発信等の営利事業

2015年10月発足　　　　　　　　　2017年3月設立
山形・上山・天童三市連携　　　　おもてなし山形(株)
観光地域づくり推進協議会　　　　（山形市・上山市・天童市）

2018年5月　新電力事業開始（山形市、上山市、山辺町、中山町）
2018年6月　山形市ふるさと納税推進事業受託
2019年3月　おもてなし山形(株)日本版DMO登録
2019年4月　山形市が中核市へ移行

2021年10月　　　　　　　　　　　2021年4月拡大
連携中枢都市圏7市7町による　　　おもてなし山形(株)
DMOさくらんぼ山形の設立　　　　（連携中枢都市圏7市7町）

山形連携中枢都市圏：山形市、寒河江市、上山市、村山市、天童市、東根市、尾花沢市、山辺町、中山町、河北町、西川町、朝日町、大江町、大石田町）

資料：おもてなし山形(株)の「観光地域づくり法人形成・確立計画」[8]

図14-2　おもてなし山形株式会社（地域連携DMO）の変遷

14-3　（株）かまいしDMC

　（株）かまいしDMCは、岩手県釜石市を対象とする地域DMOで、2018年に設立され、2019年8月に第6弾日本版DMO13法人の一つとして登録されました。その役割は、釜石市の「釜石オープン・フィールド・ミュージアム構想」（まち全体の博物館化）を実現することですが、当地では、釜石観光物産協会が従前から地元の観光関連事業者をまとめてきましたし、震災復興でも大きな実績を残しています。

　かまいしDMCは、グローバル路線を選択することで、観光物産協会との差別化を進めました。豊かな自然を保全し、伝統的な行事を継続するためには、経験と活動の歴史が必要です。一方で、それらを活用し、変革を起こすためには、広い視野と理論が必要になります。既存団体である同協会は前者を有していましたし、新規事業者である同DMCは後者を用意しました。相互に補完し合うことで、釜石市の持続可能な成長という共通目標に向かう共存の道が開けたということです。

　かまいしDMCが選択したグローバル路線とは世界標準の達成です。同DMCは、GSTC（グローバル・サステイナブル・ツーリズム協議会、理論編第6章参照）の国際基準を満たした活動を行ない、「世界の持続可能な観光地100選」に選出されているほか、ISO7001（一般案内用図記号（ピクトグラム）についての国際規格）の認証も取得しました。こうした姿勢は、インバウンド旅行者に大きな安心感を与えるものですし、国内旅行者も含めて、「学びたい」旅行者のためのネイチャー・ツーリズムや「学ばせたい」旅行者のための教育旅行等、教示的、教育的な観光提案に繋がっています（図14-3）[10]。彼らが提案する観光は、観光地の側からターゲットや協力企業を選ぶ、メッセージ性の高いものとなっているので、「メッセージ・ツーリズム」と呼ぶこともできるでしょう。重要な点は、彼らの「メッセージ・ツーリズム」は、釜石オープン・フィールド・ミュージアム構想の実践組織として活動することで生まれる安定性の上に成り立っているという点で、同構想自体をリスクヘッジにしているとも言えます[11]。

14-4　（株）遠野ふるさと商社

　（株）遠野ふるさと商社は、岩手県遠野市を対象とする地域DMOで、2020年に設立され、2024年3月に第16弾登録DMO21法人の一つとして登録されました。観光庁に提出された「観光地域づくり法人形成・確立計画」の記載によれば、遠野ふるさと商社における2023年度の総収入に占める収益事業収入の比率は72.1％に達します[12]。同商社は、（一社）遠野ふるさと公社（1988年設立）の収益部門（道の駅、文化伝承施設、体験型公園、宿泊入浴施設）を独立させる形で設立され、収益事業を主体に活動するDMOと言えます。しかし、長年同地の地場産業の振興に尽力してきた遠野ふるさと公社を母体としている同商社が観光地経営に参画することで、地場産業を絡めた観光地域づくりが円滑化することは明白です。遠野ふるさと商社は、2023年4月に発足した官民連携協議会「観光マネジメントボード遠野」の事務局を担当していますが、同商社が中心となって積極的に地域を牽引するというよりは、ステークホルダー間の関係を取りもち、地場産業の観光事業化を支援するという役割を担っています。

　1960年代頃から大手ビールメーカー主導でホップの生産が盛んに行われてきた遠野市では、転作や後継者不足によって縮小傾向にあるホップ栽培に対する危機感から、「ホップの里からビールの里へ」を合言葉に、ビールメーカーと遠野市が連携してビールの里づくり協議会（TKプロジェクト）を2015年に発足しました（岩動、2024）[13]。つまりは、ホップの6次産業化を地域一丸となって進める事業ですが、そこには、後継者の確保、生産体制の再編と共にファンの拡大という観光的要素も含まれており、自治体、製造業者、交通事業者、関係人口、農業団体等と共に遠野ふるさと商社も参画しています（図14-4）。産品の製造、販売を主とする地域づくりにおいては、DMOが支援マーケターとして参画する方が効果的な場合もあります。当初から重大な使命感を持って活動を開始するDMOとは別に、遠野ふるさと商社のような一般事業者と同列で活動するDMOも今後は増えてくるのかもしれません。

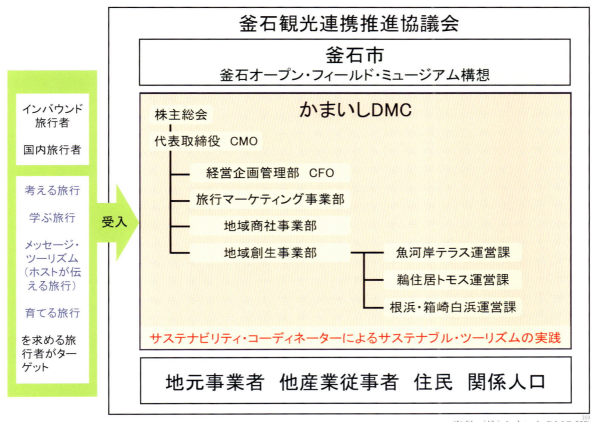

図14-3　株式会社かまいしDMC（地域DMO）の組織図

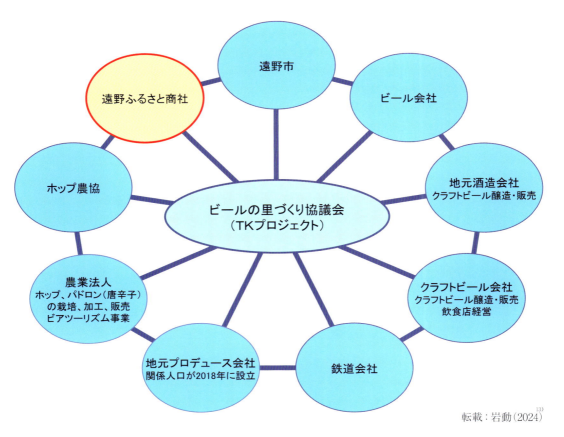

図14-4　株式会社遠野ふるさと商社（地域DMO）の地域事業への参画

《第14回　ワークシート》

1. 本講義の理解

・DMOに付加された「三つの重要施策」とは何ですか。

_____
_____
_____

・(一社)東北観光推進機構の「活動目的」は何ですか。

_____
_____
_____

・(株)遠野ふるさと商社が行う活動の特徴を100字以内で説明してください。

2. 講義内容に関する疑問

_____
_____
_____

・グループ内での検討

_____
_____
_____

・講師の回答

_____
_____
_____

3. グループ・ディスカッションの課題「(株)かまいしDMC」

(株)かまいしDMCの活動を調べ、本書で言うところの「メッセージ・ツーリズム」を他の観光地で実践する場合の課題とその対応策をまとめてください。

_____
_____
_____
_____
_____
_____

第15章　諸外国の事例

■ 観光地経営に対する考え方

　最終章の導入で取り上げる話題として、今更感は否めませんが、世界観光機関は、観光地を構成する全ての要素（アトラクション、アメニティ、アクセス、マーケティング、価格設定）を協調して管理することを観光地経営（Destination Management）と呼び、それは時にかけ離れていると思われがちな観光地の構成要素のいくつかを敢えて結びつけるような戦略的アプローチをとる場合もあるとしています（World Tourism Organization, 2007[1]）。また、観光地経営は、プロモーション、ビジター・サービス、トレーニング（人材育成）、ビジネス・サポートに関する活動の重複を避け、一方で、対処できていない管理運営上の隙間を埋める役割を担うとも述べています。

　観光地経営に対するこうした考え方は、彼らが提示するVICEモデルによって持続可能性に関する議論にまで展開されます。VICEモデルは、旅行者（Visitor）、事業者（Industry）、地域（Community）といったステークホルダーがそれぞれに環境と文化（Environment and Culture）に関わっていることを示し、観光地経営の計画者および管理者（観光地経営人材）が、環境や文化に対する各ステークホルダーのニーズを調整し、彼らの活動の持続可能性を保証するフレームワークとなります。つまり、観光における「持続可能性」とは、旅行者、事業者、地域といった少なくとも三者のステークホルダーの視点からまずは議論されるべきもので、最終的にはそれらの相互作用によって保証されると説明されます。そこでは、環境の保全や文化の継承を中核にして、観光の継続、経済的利益の維持、地域の成長を加えた、広範な「持続可能性」に関する議論が必要になります。

　これと比較すると、日本での観光地経営に対する考え方は、「観光地の維持、存続は、そのための費用負担も含めて、当該観光地を含む自治体が主体となって行う必要がある」というところから議論が進められてきました。「なぜ自治体が主体になるのか」という疑問が生まれなかった背景には、全国総合開発計画（1962-1969年）の時代から、観光開発は、国民生活における観光の必需化と国際観光の進展に対応するために、"長期的見地からみた広域的な土地利用の計画あるいは都市計画にそつて推進する"（同計画原文[2]）地域政策の一つと考えられてきたという経緯があります。もちろん、現在では、多様な視点から議論されていますが、基本的に、日本では行政によって整備された観光地に旅行者を招き入れるといったスタンスが維持され、観光地の管理は観光地を抱える自治体が行うという思考は変わっていないように思われます。しかし、旅行者は観光地の環境や文化を行楽の対象と見ますが、事業者はそれを利益を得るための材料として考えますし、地域にとっては生活基盤そのものとなります。行政による地域政策の結果として観光地経営を捉えるよりも、各ステークホルダーが行う協調の結果として観光地経営を捉える方が実践的であることは明らかです。日本の観光地経営は、「これしかない」ものになってしまいがちですが、世界観光機関が定義するDestination Managementは、「これもある」という選択肢を示すものと言えます。

　本章では、観光地を管理していくための方法論として、Destination Management を実践している諸外国の事例を、自然環境の保全および変容する文化への対応をテーマに紹介した後、地域全体で観光に取り組むアルベルゴ・ディフーゾの概念を説明します。最後に、観光の発達と同時に発生する観光の責任に関するレスポンシブル・ツーリズムの実践事例を二つ提示します。諸外国の事例を網羅することはできませんが、各ステークホルダーのニーズに合わせて、観光の継続、経済的利益の維持、地域の成長の関係を調整している諸外国における取組みの一部を覗いてみましょう。

15-1 米国テキサス州のネイチャー・ツーリズム

　テキサス州の面積は69万km²であり、日本(38万km²)の1.8倍もありますから、同州で楽しめる観光がネイチャー・ツーリズムだけではないことは明らかですし、その観光政策をいきなり日本の個々の観光地に当てはめることもできません。しかし、自然環境保全やネイチャー・ツーリズムに対する彼らの思考は、日本の観光を国策レベルで捉える際に、一つの視点を与えてくれます。

　テキサス州のネイチャー・ツーリズムは、テキサス州公園野生生物局(TPWD：Texas Parks and Wildlife Department)が中心になって進められています。同州にはビッグ・ベンド国立公園がありますが、こちらは政府機関の国立公園局が管理しているので、TPWDが管理するのは州立公園までとなります。TPWDは、ネイチャー・ツーリズムの目的は、生息域の保全、持続可能な経済成長、野生生物の保全施策に対する幅広い公的支援にあると述べています(図15-1)[3]。このように書くと、特段の特徴があるようには見えませんが、注目すべきは、三つの目的は同時に達成されるわけではなく、持続可能な経済成長によって、残り二つの目的が達成されると考えられている点です。

　テキサス州で自然体験型の観光商品が造成され、ネイチャー・ツーリズムが進められているのは、同州に私有地が多く、土地を利用する商品が売れると、事業者や住民の所得が上がるからです。つまり、経済効果によって、自然環境に対する関心が高まり、その保全活動が推進されます。地球レベルでのSDGsからネイチャー・ツーリズムを語ろうとすれば、「観光しないのが一番地球に優しい」という壁を崩さないと先に進めませんが、「経済的価値があるから保全する」とすれば自然環境保全と観光が合理的に両立します。一方で、TPWDは、ネイチャー・ツーリズムのアクティビティに生息域調査を取り込むほか、自然保護運動やボランティア認定を進める等、体験やふれあいによって生息地の価値を知るという方向から自然環境保全への意識を高める活動も行っています。

15-2 サンティアゴ・デ・コンポステーラへの巡礼に見られる文化の受容

　聖ヤコブの墓があるスペインのサンティアゴ・デ・コンポステーラ(以下、サンティアゴ)への巡礼は、墓が発見された9世紀にまで遡りますが、19世紀には消滅の危機に瀕します。徒歩でのサンティアゴ巡礼が復興するのは、第二次大戦後、スペインが民主制に復帰し、ヨーロッパ諸国の一員として各国との共同路線を歩むようになった1980年代以降になります。観光の本質は異文化交流にあるとはいえ、そこには観光に対する政治経済的な関わりもあることを指摘できます。徒歩や自転車で国境を越える巡礼者の増加に対して、1987年には巡礼事務所等による運営が検討され、巡礼手帳(クレデンシャル)の発行、巡礼手帳の提示による巡礼宿(アルベルゲ)での宿泊等が定められました。

　不謹慎な言い方ですが、これによって巡礼証明書の取得を最終目的とする達成困難なスタンプラリーのステージが用意されたと言えます。加えて、1985年にサンティアゴ、1993年に巡礼路がそれぞれ世界遺産に登録され、点(都市)と線(行程)の世界遺産観光が同時にできるサンティアゴ巡礼は、世界的な文化観光として認識されていきました。また、サンティアゴ巡礼を題材にした文芸作品が発表されることで、コンテンツ・ツーリズムの対象にもなりました[4]。何よりも、それらによる巡礼者の激増が、サンティアゴ巡礼自体のブランディングを進め、スピリチュアルな価値創造をもたらしたことで、サンチアゴ巡礼の観光商品としての地位が確立したと考えられます。

　こうした変容はサンティアゴの構造や建築物の用途にも影響を及ぼしています[5]。一方で、竹中(2015)は、巡礼を下支えしているボランティア(オスピタレロ)の葛藤が研修制度や現場での活動を通して使命ややりがいに転換され、「巡礼の伝統」が継承されていると述べています[6]。サンティアゴ巡礼の事例は、文化の保全というよりは、文化の変化を受け入れて、その時代におけるベストマッチを探るためのDestination Managementと言えます(図15-2)。

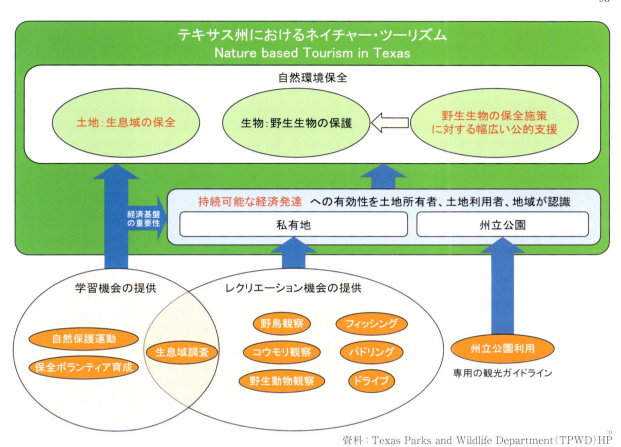

図15-1　テキサス州のネイチャー・ツーリズムの構成

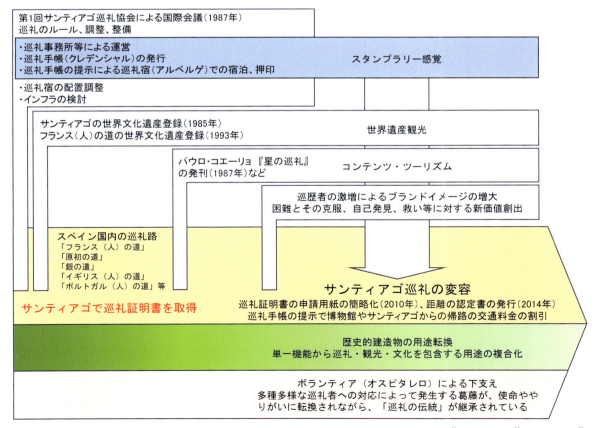

サンティアゴ・デ・コンポステーラを「サンティアゴ」と記載　資料：今野(2021)[4]、竹中(2019)[5]、竹中(2015)[6]

図15-2　サンティアゴ・デ・コンポステーラ巡礼の重層的な変容

15-3 アルベルゴ・ディフーゾによる地域の承認

アルベルゴ・ディフーゾ(Albergo Diffuso、以下、AD)は、1976年にイタリアのヴェネツィア北部で発生した地震の後、人口流出が激化した被災地の復興を、観光振興による関係人口(移住者)と交流人口(旅行者)の拡大によって進める施策として、ジャンカルロ・ダッラーラ(Giancarlo Dall'Ara、アルベルゴ・ディフーゾ協会会長)によって提案されました(内海、2022)[7]。

ADとは、ホテルの客室とサービス施設(レセプション(受付)、談話室、バー、リフレッシュメントエリア等)を街中に点在させるホテル形態を意味し、「分散型ホテル」と訳されます。Dall'Araが提案するADは、単独の宿泊施設経営であり、一般的なホテルが提供するサービスの全てを提供することが要件になっています(Dall'Ara, 2019)[8]。そして、そこで必須となる地域(コミュニティ)との連携をAD協会が支援します(図15-3)。しかし、國井・福田(2022)[9]によれば、実際にイタリアで行われているADは、起業後にADに転換した事例も少なくないようです。彼らは、最低限レセプションは自らで設置しているものの、その他のサービスについては、街中にある他の施設でそれを代替しています。つまり、宿泊収益を安定させるために、地域との関係を深めるADを始めるといった流れになります。

地域は、基本的によそ者を警戒します。その傾向は過疎化が進み活性化のための起爆剤が必要な農村域であるほど強くなるので、Dall'Araは、よそ者側から地域に寄せていく方法を提案しています。彼が客室を街中に置くことに拘るのも、地域が経営者の要望に応え、同調していくための精神的、経済的な潤滑剤として、旅行者がキーパーソンになると考えているためです。日本では行政による企画や客室を郊外に設置したりすることもADに加えられています。それらを否定するつもりはありませんが、Dall'Araの提案する「水平的な(orizzontale)」な関係とは、コミュニティの承認を受けた地域全体の活動であり、空間として与えられるだけの地域ではない点を忘れてはいけないと思います。

15-4 レスポンシブル・ツーリズムに対する姿勢

世界観光機関はレスポンシブル・ツーリズム(以下、RT)について注釈していませんが、責任ある旅行者になることを呼びかけています[10]。ここから類推すると、「責任ある観光」とは彼らによる観光ということになりますが、影響を受けるのは観光地の方ですから、彼らの受け入れ方や責任の持たせ方といったRTのあり方を考えていく必要があります。

しかしながら、RTに対する姿勢は観光地によって様々です。共有地の継続的な利用のために、利用者が保全や回復を行う伝統的な規則が残るパラオ共和国では、観光によって利益を受ける者が観光地の保全や回復の責任を持つという思想が前提にあります(図15-4a)[11]。ただし、実際に観光地を保全するのは現地の住民ですから、そのための資金調達と制度設計が政策の中軸になっています。保護区の設定、保護区ネットワーク法の制定、観光税の分配、入域料の徴収は、本来、保全活動を行わなければならない旅行者やそこを管理しなければならない国(州)の「代わりに」住民が保全活動を行う、受益者負担の代替というフレームワークによって説明されます。結果的に、観光によって動く経済が、住民に還元され、自然環境が保全されながら、地域振興にも繋がるRT政策と言えます。

これに対し、米国ハワイ州のRTは、その情報サイトで責任ある旅行者になることを呼びかけていますが、政策(アロハ・プラス・チャレンジ)の中で提示されているのは、17のSDGsを絞り込んだ六つの目標です(図15-4b)[12],[13]。ここでも資金調達は重要な案件でしょうが、特徴として注目すべきは、自治体、事業者、住民が、様々な指標で状況を測定しながら、活動に参加していくプロセスです。設定されている目標からも明らかですが、目的は旅行者に責任を持たせることだけではなく、観光地が自分達の生活を豊かなものにすることにあります。持続可能な観光地を目指して努力していることを示し、旅行者がそれに同調することでRTを完成させようとする内容になっています。

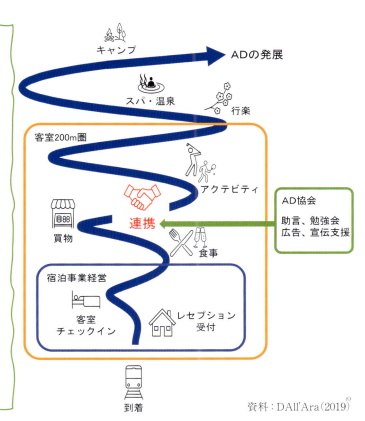

図15-3　ダッラーラが提案するアルベルゴ・ディフーゾ

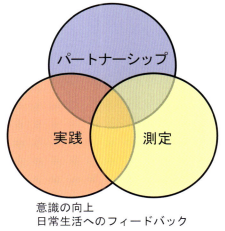

図15-4　レスポンシブル・ツーリズムへの対応の差異

《第15回 ワークシート》

1. 本講義の理解

・「VICEモデル」とは何ですか。

_____

_____

_____

・「アルベルゴ・ディフーゾ」とは何ですか。

_____

_____

_____

・米国テキサス州のネイチャー・ツーリズムの特徴を100字以内でまとめてください。

2. 講義内容に関する疑問

_____

_____

_____

・グループ内での検討

_____

_____

_____

・講師の回答

_____

_____

_____

3. グループ・ディスカッションの課題「レスポンシブル・ツーリズム」

レスポンシブル・ツーリズムの多様性を確認し合い、日本でレスポンシブル・ツーリズムを周知、定着させていくために必要な方向性と具体的な施策を提案してください。

_____

_____

_____

_____

_____

_____

注および文献

はじめに

1) 観光庁 HP「ポストコロナ時代における観光人材育成ガイドライン」
https://www.mlit.go.jp/kankocho/content/001595695.pdf（2024.8.1 閲覧）

第1章　デザイン思考

1) Pearson Education（2014）Longman Dictionary of Contemporary English 6th edition. Pearson Education.
2) 廣田章光（2022）デザイン思考　マインドセット＋スキルセット．日経BP.

第2章　リーダーシップ論

1) ネッド・ハーマン著，高梨智弘監訳（2000）ハーマンモデル　個人と組織の価値創造力開発．東洋経済新報社．Hermann, N.（1996）The Whole Brain Business Book. McGraw-Hill.
2) Goldberg, L. R.（1990）An alternative "description of personality": The Big-Five factor structure. Journal of Personality and Social Psychology, 59（6）, 1216-1229.
3) Judge, T. A., Bono, J. E., Ilies, R. & Gerhardt, M. W.（2002）Personality and leadership: a qualitative and quantitative review. Journal of Applied Psychology, 87（4）, 765.
4) ギャラップ社 HP「CliftonStrengths」
https://www.gallup.com/home.aspx（2024.8.1 閲覧）
5) 三隅二不二（1966）新しいリーダーシップ　集団指導の行動科学．ダイヤモンド社．

第3章　ファシリテーション技法

1) アダム・カヘン著，小田理一郎訳（2023）共に変容するファシリテーション　5つのあり方で場を見極め、10の行動で流れを促す．Kahane, A.（2021）Facilitating breakthrough: How to remove obstacles, bridge differences, and move forward together. Berrett-Koehler Publishers.

第4章　組織行動

1) アブラハム・H・マズロー著，小口忠彦訳（1987）改訂新版　人間性の心理学　モチベーションとパーソナリティ．産業能率大学出版部．Maslow, A. H.（1970）Motivation and Personality 2nd Edition. Harper & Row.
2) 職務特性理論とは、技能多様性（特殊な技能が必要か）、タスク完結性（作業の完了を判断できるか）、タスク重要性（重要な作業であるか）、自律性（自分の意思が反映されるか）、フィードバック（成果を実感できるか）から見た職務の内容がモチベーションを規定するという理論で、中心的職業次元とは、それらの点を満たしている状態を指します。
3) Organ, D. W.（1988）Organizational citizenship behavior: The good soldier syndrome. Lexington Books.
4) 田中堅一郎（2000）日本版組織市民行動尺度作成の試み：日本の組織における組織市民行動の研究(1)．産業・組織心理学会第16回大会発表論文集，136-139.
5) 原口恭彦（2019）組織市民行動．開本浩矢編：組織行動論．85-100，中央経済社．
6) On the Job Training とは、既存の社員が現場の業務を通じて新規の社員に知識や技能等を習得させる教育方法で、Off the Job Training とは、現場ではなく、専用の時間や場所を設けて知識や技能等を習得させる教育方法を指します。

第5章　危機管理

1) Arbel, A. & Bargur, J.（1980）A Planning model for crisis management in the tourism sector. European Journal of Operational Research, 5（2）, 77-85.
2) 観光庁 HP「外国人旅行者が不安なく旅行できる環境整備を目指して～観光危機管理計画等作成の「手引き」を作成しました！～」
https://www.mlit.go.jp/kankocho/topics08_000202.html（2024.8.1 閲覧）
3) 『観光危機管理計画等作成の「手引き」』は、「自治体・DMO向け」と「事業者（観光・飲食・宿泊・交通事業者）向け」の2分冊となっていますが、DMOは自治体業務の中で統括される組織の一つという位置づけになっています。また、同手引きのなかで混在する「危機管理計画」と「危機対応マニュアル」は、同じものと考えてよさそうです。
4) HISグループ HP：「統合報告書」
https://www.his.co.jp/ir/integratedreport/（2024.8.1 閲覧）

5) ここで使われているポートフォリオとは、企業活動によって用意、蓄積された資本、人材、技術等の資産配分、それらに対する投資配分を意味します。

6) Smith, V. L. ed.（1989）Hosts and Guests: The Anthropology of Tourism 2nd edition. University of Pennsylvania Press.

第6章　自己点検

1) GMP（Good Manufacturing Practice）省令は「医薬品及び医薬部外品の製造管理及び品質管理の基準に関する省令」、GQP（Good Quality Practice）省令は「医薬品、医薬部外品、化粧品及び再生医療等製品の品質管理の基準に関する省令」、GVP（Good Vigilance Practice）省令は「医薬品、医薬部外品、化粧品、医療機器及び再生医療等製品の製造販売後安全管理の基準に関する省令」を指します。

2) 東京都産業労働局 HP「旅行業の登録」
https://www.sangyo-rodo.metro.tokyo.lg.jp/sinsei/tourism/ryokotsuyaku/ryokotouroku/（2024.8.1 閲覧）

第7章　観光倫理

1) 薬師寺浩之（2019）観光倫理研究と教育の発展に向けた一考察．地域創造学研究，42，27-50．

2) 世界観光機関 HP「Global Code of Ethics for Tourism」
https://www.unwto.org/global-code-of-ethics-for-tourism（2024.8.1 閲覧）

3) 宮本佳範（2016）観光倫理研究の課題と展望．観光学評論，4(2)，135-148．

4) 世界観光倫理憲章では、1991 年のオタワ国際会議で採択され、1993 年の第 27 回国連統計委員会で承認された観光統計体系（System of Tourism Statistics: STS）における「観光客」の定義を使用しています。同定義によれば、「観光客」とは、12 か月以内のあいだ日常生活圏外の場所へ旅行する者で，訪問地で報酬を得る活動以外を旅行の主目的とする宿泊者、を指します。本書で用いている「旅行者」とほぼ同じですが、以下、本章では、図表を含めて「観光客」を同憲章の定義に準じて使用します。

5) World Tourism Organization（2018）Overtourism? Understanding and Managing Urban Tourism Growth beyond Perceptions, Executive Summary. World Tourism Organization.

第8章　マーケティング調査

1) 理論編第 10 章において、ニーズは必要とすること、ウォンツはそれに対して期待することと説明していますが、ニーズは「～するために」といった目的で、ウォンツはその目的を満たすための具体的な事物や手段と説明することもできます。

2) より狭い統計区で調査結果が公開されている統計もありますが、他の統計と組み合わせた考察ができなくなるので、汎用性は低下します。

3) 総務省統計局 HP「政府統計の総合窓口　e-Stat」
https://www.e-stat.go.jp（2024.8.1 閲覧）

4) 本書では、書面と対面の別、質問内容に関係なく、数値化して集計することを前提にしている質問調査をアンケート調査、文章化して整理することを前提にしている質問調査をインタビュー調査としています。

第9章　マーケティング・オペレーション

1) 遠藤 功監修、グロービズ・マネジメント・インスティテュート編（2001）MBA　オペレーション戦略．ダイヤモンド社．

2) マーケティング・オペレーションという言葉自体は、既に使われていますが、それは、市場調査、市場分析、市場対応によって構成されるマーケティングの作業を通して行うことができるソフトウェアの開発や販売のために使用されることが多いようです。

3) Kotler, P., Kartajaya, H. & Setiawan, I.（2010）Marketing 3.0: From Products to Customers to the Human Spirit. John Wiley & Sons.
Kotler, P., Kartajaya, H. & Setiawan, I.（2016）Marketing 4.0: Moving from Traditional to Digital. John Wiley & Sons.

4) カスタマージャーニーとは、消費者が商品の存在を認知し、購入して、当該商品を販売する企業の顧客になっていくまでの過程を、段階を踏んで見える化した文章、図表等を指し、カスタマージャーニー・マップとも呼ばれます。

5) Porter, M. E.（1985）Competitive Advantage. Free Press.

6) コンテンツ・マーケティングとは、自社が保有するメディアや提携するメディアを通じて発信するコンテンツに関するコミュニケーションを維持することによって、関心を持った消費者を繋ぎ止め、彼らとの関係性を深めていくことで、商品を売るための基盤を構築するマーケティング手法です。

第10章　デジタル・マーケティング

1) 前掲、第9章注3)参照

2) 本書では、消費者が商品やサービスの存在に気づき、購入／断念した後までの集団的な行動を「消費者行動」、個々の消費者が商品やサービスを実際に購入する行動を「購買行動」としています。

3) PDCA(Plan、Do、Check、Action)が、定期的な計画変更を前提にした計画遂行の行動ステップであるのに対し、OODA(Observe、Orient、Decide、Act)は、Volatility(変動性)、Uncertainty(不確実性)、Complexity(複雑性)、Ambiguity(曖昧性)という四つの単語で表せられるような時代(VUCA)における突発的な状態異常(緊急事態)に対処するための行動ステップです。

4) E-Commerceとは、電子商取引(Electric Commerce)の略語ですが、本書では、オンライン・ショッピング全般を指す単語として使用しています。

5) ゲーム理論は難解なので、デジタル・マーケティングに有効だという認識を持つだけで十分だと思います。専門家のセミナーを受講する場合や専門業者にマーケティングを依頼する場合の選択肢の一つとして参考にしてください。

6) Nash, Jr., J. F. (1950) Equilibrium points in n-person games. Proceedings of the National Academy of Sciences, 36(1), 48-49.

第11章　DMPの活用

1) 日本観光振興協会 HP「日本観光振興デジタルプラットフォームとは」
https://lp.nihon-kankou-dx.info（2024.8.1 閲覧）

2) 日本観光振興協会 HP「お問い合わせフォーム」からダウンロード
日本観光振興協会(2024)日本観光振興デジタルプラットフォームについて.
https://lp.nihon-kankou-dx.info/contact/（2024.8.1 閲覧）

3) 前掲、第10章注2)参照

4) デジタル田園都市国家構想実現会議事務局 HP「RESAS 地域経済分析システム」
https://resas.go.jp/（2024.8.1 閲覧）

5) デジタル田園都市国家構想実現会議事務局 HP「地域経済分析システム(RESAS(リーサス))」
内閣官房デジタル田園都市国家構想実現会議事務局（2024）地域経済分析システム(RESAS)のデータ一覧《ver62》（2024/7/3 公表）
https://www.chisou.go.jp/sousei/resas/index.html（2024.8.1 閲覧）
図11-2は、同資料からの転載です。

6) このほかにも、経営には直接関係しませんが、RESASを教育に活用する場合の「授業モデル」の機能も用意されています。

7) デジタル田園都市国家構想実現会議事務局 HP「RAIDA デジタル田園都市国家構想データ分析評価プラットフォーム」
https://raida.go.jp（2024.8.1 閲覧）

8) 日本観光振興協会 HP「観光予報プラットフォーム」
https://kankouyohou.com（2024.9.1 閲覧）
図11-3は、同サイトからの転載(一部拡大)です。

第12章　アントレプレナーシップ

1) P. F. ドラッカー著，上田惇生訳（2007）ドラッカー名著集5　イノベーションと企業家精神．ダイヤモンド社．
Drucker, P. F. (1985) Innovation and Entrepreneurship. Harper & Row.
ドラッカーは、Entrepreneurship(企業家精神)を、既存企業、公的機関、ベンチャーに分けて論じています。

2) IMD (International Institute for Management Development) HP「World Competitiveness Ranking」
https://www.imd.org/centers/wcc/world-competitiveness-center/rankings/world-competitiveness-ranking/（2024.8.1 閲覧）

3) クレイトン・クリステンセン著，玉田俊平太監修・伊豆原弓訳（2001）イノベーションのジレンマ ── 技術革新が巨大企業を滅ぼすとき ──　増補改訂版．翔泳社．Christensen, C. M. (1997) The Innovator's Dilemma: When New Technologies Cause Great Firms to Fail. Harvard Business School Press.

4) Ansoff, H. I. (1965) Corporate Strategy: An Analytic Approach to Business Policy for Growth and Expansion, McGraw Hill.

第13章　ブランディング

1) プレイス・マーケティングで創出される場所のイメージを域外の消費者に想起させるアクションプランがブランディングに限定されるわけではありませんし、ブランディング自体、観光地の規模や歴史によって、仕掛け方や進め方が変わってきます。当然、その効果も観光地の規模や歴史によって異なってくると考えます。

2) 内閣府HP「平成17年度版　地域の経済2005」
https://www5.cao.go.jp/j-j/cr/cr05/cr05.html（2024.8.1閲覧）

3) ケビン・レーン・ケラー著，恩藏直人訳(2015)エッセンシャル　戦略的ブランド・マネジメント　第4版．東急エージェンシー．Keller, K. L. (2013) Strategic Brand Management, Fourth Edition. Pearson.

4) ブランド・アイデンティティは、本来、商品の企画段階において考案される商品特性（利用価値）から明確になっていきますが、プレイス・ブランディングの場合は、商品を売ることが最優先の目的ではなく、当該地の価値を一般消費者に広く伝えることが最優先の目的になりますから、プレイス・マーケティングで創出された場所の価値に基づくブランド・アイデンティティが先に形成され、それに合わせた商品開発が必要になります。

5) これが、「地域ブランド」の本来の役割です。

6) ブランド・インテグレーションは放送業界で話題に上がることが多く、ドラマの中でスポンサーのブランドを使用し、ファン心理を利用してブランド・イメージを上げる広告手法ですが、観光への流用も可能であり、検討の過程でブランドの階層性が明確になると考えます。

7) せとうちDMO HP「せとうちDMOとは」
https://setouchitourism.or.jp/ja/setouchidmo/（2024.8.1閲覧）

8) デービット・アレン・アーカー著，陶山計介・中田善啓・尾崎久仁博・小林哲訳(1994)ブランド・エクイティ戦略：競争優位をつくりだす名前，シンボル，スローガン．ダイヤモンド社．Aaker, D. A. (1991) Managing Brand Equity: Capitalizing on the Value of a Brand Name, Free Press.
　　アーカーモデルで提示されるBrand Assetsは権利であるため、時間経過による変容はないと判断し、ここでは扱いません。

第14章　DMOの役割

1) 観光庁 HP「「DMO」の形成・確立に係る手引き」
https://www.mlit.go.jp/kankocho/seisaku_seido/dmo/tebiki.html（2024.8.1閲覧）

2) 観光庁 HP「観光地域づくり法人（DMO）における自主財源開発手法ガイドブック」
https://www.mlit.go.jp/kankocho/topics04_000162.html（2024.8.1閲覧）

3) 観光庁 HP「観光地域づくり法人（DMO）による観光地域マーケティングガイドブック」
https://www.mlit.go.jp/kankocho/content/001580600.pdf（2024.8.1閲覧）

4) 観光庁 HP「観光地域づくり法人（DMO）による観光地経営ガイドブック」
https://www.mlit.go.jp/kankocho/content/001735861.pdf（2024.8.1閲覧）

5) 観光庁 HP「観光地域づくり法人の登録制度に関するガイドライン」(2023年改正)
https://www.mlit.go.jp/kankocho/content/001598366.pdf（2024.8.1閲覧）

6) 一般社団法人は、非営利法人ですが、「非営利」とは利益を上げてはいけないという意味ではなく、余剰利益が出ても分配しないという意味なので、収益事業による自主財源の確保は可能です。

7) 東北観光推進機構HP「組織概要」
https://www.tohokukanko.jp/business/about-us/index.html（2024.8.1閲覧）

8) 観光庁 HP「登録観光地域づくり法人「登録DMO」の形成・確立計画」（おもてなし山形(株)）
https://www.mlit.go.jp/kankocho/content/001766819.pdf（2024.11.24閲覧）

9) 「観光地域づくり法人形成・確立計画」の記載によれば、おもてなし山形(株)の2023年度における総収入2,234百万円の内訳は、ふるさと納税推進事業収入1,782百万円(79.8%)、新電力事業収入427百万円(19.1%)、観光事業収入24百万円(1.1%)、その他1百万円(0.0%)でした。

10)（株）釜石DMC HP「組織図」
https://kamaishi-dmc.com/company/company2/（2024.8.1閲覧）

11) 観光庁 HP「登録観光地域づくり法人「登録DMO」の形成・確立計画」（(株)かまいしDMC）
https://www.mlit.go.jp/kankocho/content/001766830.pdf（2024.11.24閲覧）
　　「観光地域づくり法人形成・確立計画」の記載によれば、（株）かまいしDMCの2023年度における総収入412百万円の内訳は、指定管理事業収入62百万円(15.0%)、受託事業収入246百万円(59.7%)、官公庁事業収入12百万円(2.9%)、収益事業収入92百万円(22.3%)でした（端数処理のため各費目の比率の合計は100%にはなっていません）。

12) 観光庁 HP「登録観光地域づくり法人「登録DMO」の形成・確立計画」((株)遠野ふるさと商社)

https://www.mlit.go.jp/kankocho/content/001766831.pdf（2024.11.24 閲覧）

　「観光地域づくり法人形成・確立計画」の記載によれば、(株)遠野ふるさと商社の 2023 年度における総収入 718 百万円の内訳は、指定管理事業収入 154 百万円(21.4 ％)、受託事業収入 44 百万円(6.1 ％)、収益事業収入 518 百万円(72.1 ％)、補助金 2 百万円(0.3 ％)でした(端数処理のため各費目の比率の合計は 100 ％にはなっていません)。

13) 岩動志乃夫 (2024) 遠野市におけるホップ栽培の展開と「ビールの里構想」の試み．東北学院大学地域総合研究所紀要，1，21-40.

　図 14-4 は、同論文に掲載されている図を、筆者が加筆修正の上、転載しました。

第 15 章　諸外国の事例

1) World Tourism Organization (2007) A Practical Guide to Tourism Destination Management. World Tourism Organization.

2) 国土交通省 HP「全国総合開発計画」

https://www.mlit.go.jp/common/001135930.pdf（2024.8.1 閲覧）

3) Texas Parks and Wildlife Department (TPWD) HP「Nature Tourism」

https://tpwd.texas.gov/landwater/land/programs/tourism/（2024.8.1 閲覧）

4) 今野喜和人 (2021) 紀行文学・映画の中のサンティアゴ徒歩巡礼　ブームの立役者たち．翻訳の文化／文化の翻訳(静岡大学学術リポジトリ)，16，1-20.

5) 竹中克行 (2019) サンティアゴ・デ・コンポステラにおける歴史的建造物の用途転換　形態と機能の関係がつくる都市の持続的文脈．都市地理学，14，1-15.

6) 竹中宏子 (2015) キリスト教巡礼におけるホスピタリティの現在　サンティアゴ巡礼の巡礼宿とオスピタレロに着目した人類学的研究．観光学評論，3(1)，17-33.

7) 内海莉奈 (2022) イタリアの地域資源を生かした観光モデル　アルベルゴ・ディフーゾを事例として．多民族社会における宗教と文化，25，27-44.

8) Giancarlo Dall'Ara (2019) Albergo Diffuso: un modello di ospitalità italiano nel mondo. Associazione Internazionale Alberghi Diṡusi.

9) 農林水産政策研究所 HP「ICT 活性化プロジェクト【農泊】研究資料 第 2 号」

國井大輔・福田竜一 (2022) イタリアにおけるアグリツーリズムとアルベルゴ・ディフーゾ．

https://www.maff.go.jp/primaff/kanko/project/attach/pdf/220301_R04ict2_11.pdf（2024.8.1 閲覧）

10) 世界観光機関「The Responsible Tourist」

https://www.unwto.org/responsible-tourist（2024.8.1 閲覧）

11) 飯田晶子・武　正憲 (2015) パラオ共和国における観光振興と調和した自然保護政策の展開に関する研究．ランドスケープ研究、78(5)，783-786.

12) ハワイ州 レスポンシブル・ツーリズム 情報サイト HP「ハワイ州観光局からのメッセージ」

https://www.allhawaii.jp/malamahawaii/message/（2024.8.1 閲覧）

13) ハワイ グリーン グロース ローカル 2030 ハブ HP「アロハプラスチャレンジ」

https://www.hawaiigreengrowth.org/ja/alohachallenge（2024.8.1 閲覧）

索　　引

英 数 字

Agreeableness（協調性）...........................14
AI（Artificial Intelligence、人工知能）
....49
AIDA..56
AIDMA...56
AISAS..56
AISCEAS..56
CEO（最高経営責任者）...........................14
Conscientiousness（誠実性）..................14
COVID-19（新型コロナウイルス感染症）
....26, 31, 34, 43, 86
DECAX...58
Destination Management
（観光地経営）...................................91, 92
DMO（観光地域づくり法人）
....85, 86, 88, 89
DMO さくらんぼ山形...............................86
DMP（Data Management Platform）
....67, 68, 70
DPF（日本観光振興デジタルプラット
フォーム）...68
Dual AISAS..57
E-Commerce...........................62, 64, 99
Extraversion（外向性）...........................14
GMP 省令...37, 98
GQP 省令..37, 98
GSTC（グローバル・サステイナブル・
ツーリズム協議会）..........................88
GVP 省令..37, 98
HIS（株式会社エイチ・アイ・エス）
....34, 35
IT（Information Tecnology、情報技術）
....49
ISO7001..88
JOB..8, 28
KJ 法..8
Neuroticism（神経症的傾向）.................14
Off the Job Training（Off-JT）.........28, 97
On the Job Training（OJT）............28, 97
OODA...61, 68, 99

Openness（開放性）...................................14
PDCA..61, 99
PM 理論...16, 17
RAIDA（デジタル田園都市国家構想デー
タ分析評価プラットフォーム）.....68
RESAS（地域経済分析システム）
....67, 68, 70
SDGs（持続可能な開発目標）
....85, 92, 94
SNS...55-58, 64
STP...8
SWOT..8, 10
TK プロジェクト 88
VICE モデル..91
VUCA..99
3i モデル..56
4R...32
5A...56
5W1H..52
6 ハット...8

あ 行

アイス・ブレイク.....................................20
愛他主義...28
愛着（Brand Loyalty）.............................82
アウトソーシング.....................................55
アクションプラン 80, 100
アドバイザー...26
アドホック調査...52
アフターサービス 58, 62, 82
アルベルゴ・ディフーゾ..................91, 94
アンケート調査 49, 52, 98
アントレプレナーシップ..........1, 19, 73
イノベーション.......................1, 50, 73, 76
インターナル・ブランディング
....79-81
インターネット......8, 46, 55, 56, 61, 62,
64, 67
インタビュー調査.............................49, 98
インフルエンサー 62
ウオンツ...49, 98
右脳...14

オーバーツーリズム.................26, 31, 43,
46, 47
オープン・イノベーション....................55
オペレーション.............................55, 58, 61
おもてなし山形.........................86, 87, 100
オンライン...22

か 行

快楽主義...43
外国人出入国統計......................................70
外部環境..........................49, 74-76, 82
確保点検...38
カスタマージャーニー
....46, 56, 61, 98
カスタマー・リレーションシップ・マ
ネジメント（CRM）....................55, 58
価値創出...58, 79, 80, 82
釜石オープン・フィールド・ミュージ
アム構想...88
釜石観光物産協会......................................88
かまいし DMC....................................88, 100
環境整備...20, 73, 74
環境保護...43
観光 DX.........................1, 68, 85-87
観光開発...44, 91
観光関連産業.....................73, 74, 76, 91
観光関連事業者.................................46, 88
観光危機管理計画...........................31-33
観光客...44-47, 98
観光資源...44, 58
観光受容...31, 34
観光地域...44, 85
観光地域づくり.....................1, 85, 86, 88
観光地域づくり法人形成・確立計画
....88, 100, 101
観光地経営（Destination Management）
1, 16, 25-28, 50, 55, 58, 64, 65, 67,
79
観光地経営人材......1, 13, 16, 17, 26, 27,
85, 91
観光動向レポート......................................70
観光倫理...43, 44, 46, 47

観光倫理教育 43, 46
観光予報プラットフォーム（FPF）
 ....67, 70, 71
感情曲線 8
官民連携協議会 88
管理・スタッフ業務 55
危機管理 31, 32, 34, 38, 73, 97
危機管理計画 31, 34, 97
危機管理体制 31
危機対応（Response） 32, 34
危機対策（Readiness） 32
企業カウンセラー 25
起業家精神 73
企業の社会的責任（Corporate Social
 Responsibility; CSR） 28, 74
企業ブランド 79
既成統計 50, 52
期待理論 26
気づきのメモ 20
機密情報 67
ギャラップ社 14, 15
共感マップ 8
協調 19, 26, 27, 91
協力ゲーム 64
金融危機 31
業務連鎖 55
口コミ 56
クリティカル・シンキング
 ....10, 22, 73, 74
クリフトンストレングス 14, 15
グルーピング 8
クレーム対応 62
グローバルネットワーク 34
グローバル路線 88
クロス集計 70
経営者 1, 13, 14, 16, 28, 37, 40,
 55, 74, 94
経済循環論 31
計量的手法 14
ゲスト 34
ゲーム理論 61, 64, 99
減災対策 32, 33
健全な観光 43, 44
研究・開発 55
コア事業所 16
広域連携DMO 82, 85-87
合意形成 25-27, 85
構造化データ 67
高度化地域DMP：拡張機能 68

高度化地域DMP：基本機能 68
行動理論 13, 16
購買意欲 64
購買行動 52, 61, 62, 64
公物管理受託 85
交流人口 34
国際観光 43, 44
個人情報 67
コスト管理 31
コミュニケーション 13, 56, 74
混合戦略ゲーム 64
コンテクスト 56
コンテンツ・ツーリズム 92
コンテンツ・マーケティング 58, 98
コンテンツ化 58
コンプライアンス 37-40
コンピュータ・ネットワーク 61, 62
コンペ 10
コンフリクト（わだかまり） 26

さ　行

先読み 20
サステナビリティ 26
左脳 14
サプライ・チェーン・マネジメント
 （SCM） 55, 58
サマリー 68
サンティアゴ・デ・コンポステーラ
92
三方よし 26
事業継続計画（BCP） 32, 33
事業ブランド 79
思考ツール 8, 10
自己肯定感 40
自己実現欲求 26
自己点検 37-41
自己分析 8
市場浸透型戦略 76
自主財源 85, 100
自然環境 46, 76, 91, 92, 94
持続可能な観光 85, 88, 94
市民の生活の質 46
社会規範 38, 44
社内規範 38
収益事業 85, 86, 88, 100
集団維持機能（Maintenance function）
16
自由裁量所得 34
巡礼手帳（クレデンシャル） 92

巡礼の伝統 92
巡礼宿 92
商品価格 44
消費者行動 55, 56, 58, 62
消費者行動モデル（SIPS） 58
商品ブランド 79, 80
条件適合理論 13, 16, 17
情報対称ゲーム 64
性悪説的な視点 37, 40
性悪説的自己点検 40
生涯顧客 34
職務特性理論 26, 97
新植民地主義 43
垂直型ファシリテーション 22
水平型ファシリテーション 22
スキルセット 7, 8, 10, 11
スタンプラリー 92
ステークホルダー 44, 79, 80, 85,
 88, 91
スポーツマンシップ 28
生活共同体 56
成果に対する報酬の魅力（誘意性） ...26
清潔さ 28
生成AI 70
誠実さ 28
性善説的な視点 37, 40
性善説的自己点検 40
政府統計の総合窓口（e-Stat） 50
世界観光機関（UN tourism、旧UNWTO）
 ....43, 44, 46, 91, 94
世界観光倫理委員会 43, 44
世界観光倫理憲章 43-46, 98
世界競争力ランキング 73
セグメンテーション 8, 76
せとうち観光推進機構 82
攻めのリスクヘッジ 73, 76, 78
全国観光DMP 68, 70
全国総合開発計画 91
戦略マトリクス 76
総務省統計局 50
組織改革 25
組織学習 25, 28
組織行動 25
組織行動論 25
組織コミットメント 25, 28
組織市民行動（OCB） 25, 28
組織ストレス 25
ソリューション営業 74

た　行

ターゲティング 8
体験型観光 58, 80
対人的援助 28
大脳新皮質 14
大脳辺縁系 14
大目標 55
多角化戦略 34, 76
縦割り 55
旅アト 46
旅ナカ 46
旅マエ 46
地域アイデンティティ 26, 80
地域社会 55, 56
地域DMO 85, 86, 88
地域の肯定的な承認 34
地域ブランド 79, 80
地域連携DMO 85, 86
知覚品質（Perceive Quality） 82
中間報告 10
中心的職業次元 26, 97
中目標 55
調査主体 49
調達 55, 76
次の目標への連続性（道具性） 26
定性調査 49, 50, 52, 53
定量調査 49, 50-52
データ分析支援機能 68
テキサス州公園野生生物局（TPWD）
....92
テキストマイニング 52
デザイン 7, 8
デザイン思考 7, 8, 10
デジタル化 22, 43, 58, 61, 68
デジタル経済 56, 61
デジタル思考 10
デジタル庁 61
デジタルファースト 86
デジタル・マーケティング 61-65, 99
東北観光推進機構 86, 87
東北観光DMP 86
遠野ふるさと公社 88
遠野ふるさと商社 88
特性理論 13, 14, 16
特性要因図（フィッシュボーン）
....10, 107
特定財源 85
突出性 80

な　行

トラッキング調査 52

内部環境 73-75
内部統制 40, 41
ナッシュ均衡 64
ナレッジ経営 74
ニーズ 49, 76, 91, 98, 107
日本版DMO 85, 86, 88
ニューツーリズム 26, 82, 107
人間中心 8, 10
ネイチャー・ツーリズム
....88, 92, 93
ネゴシエーター 26

は　行

パーソナリティ 14
パーソナル・コンピュータ（PC） 61
ハーマンモデル 14
破壊的イノベーション 73
場所アイデンティティ 80
パネル調査 52
バリュー・チェーン（価値連鎖）....55, 58
パワーハラスメント（パワハラ） 38
パワハラ防止法 38
阪神淡路大震災 31
パンデミック 26, 31, 34, 86
東日本大震災 31
引数（パラメータ） 64
非協力ゲーム 64
被験者属性 52
非構造化データ 67
ビッグデータ 68, 70
ビッグ5理論 14
人付き合い 74
ファシリテーター 19-22
ファシリテーション 19-23
ファネル効果 79
フィールドワーク 49
復興（Recovery） 32, 34, 88, 92, 94
部門間連携 55
ブラックボックス 58
ブランディング 79, 82, 92, 100
ブランド 56, 79
ブランド・アーキテクチャー.......82, 83
ブランド・アイデンティティ
....80, 82, 100
ブランド・アライアンス 82
ブランド・イメージ 80, 100

ま　行

ブランド・インテグレーション
....82, 100
ブランド・エクイティ 79-81
ブランド・エクステンション 82
ブランド・エンドースメント 82
ブランド・オリエンテーション
....80, 81
フリーマーケットサイト 62
ふるさと納税推進事業 86, 100
プレイス・ブランディング
....79, 82, 100
プレイス・プロモーション 80
プレイス・マーケティング
....67, 79, 100
ブレインストーミング 8
フレームワーク......8, 10, 50, 52, 55, 58,
　　91, 94
プレゼンテーション 10
プレミアム価値 82
プロポーザル 10
文化環境 46
分散型ホテル 94
ベスト・プラクティス 82
変容型ファシリテーション 22
ベンチャー 62, 73
報告内容（思考結果） 10
報告母体 10
訪日プロモーション 86
訪問者の体験の質 46
ポートフォリオ 34, 98
ポジショニング 8, 56, 76, 80
ホスト 31, 34
ホスピタリティ 44
ホスピタリティのループ 34
ボトルネック 74
ボランティア認定 92

ま　行

マーケター 7, 62, 88
マーケティング 25, 55, 56, 58,
　　61-64, 67, 70, 79, 91
マーケティング3.0.............................56
マーケティング4.0.............................56
マーケティング手法 64
マーケティング対応（市場対応） 49
マーケティング調査（市場調査）
....49, 50-52, 58, 61, 62
マーケティング分析（市場分析）
....49, 50, 52, 61, 62, 67, 86

マーケティング・オペレーション......55
マーケティング・ミックス.....................56
マーケティング・リサーチ....................49
マインドセット.....................7, 8, 10, 20
マクロ経済学.......................................31
マスメディア...56
ミーティング・マネジメント..................19
見える化.......................................50, 74
メッセージ・ツーリズム........................88
メディカル・ツーリズム 70
目標達成機能(Performance function)
....16
目標達成の見込み(期待).....................26
モジュール(機能単位)........................55
モチベーション.....16, 19, 20, 25-27, 97

や　行

有限繰り返しゲーム...............................64

優位性...79, 80
余暇時間...34
横串...55

ら　行

ライフライン...32
ラテラル・シンキング......................10, 22
リーダー.................13, 14, 16-19, 28, 55
リーダーシップ............13, 14, 16, 19, 28
リーダーシップ論.......................13, 14, 16
リーン生産...74
リスク分散...34
リスクヘッジ..............................73, 76, 88
旅行業安全確保状況自己点検表
....37-39
旅行業法..37, 38
旅行業法遵守状況自己点検表
　(遵守点検)................................37-39

ルーチンワーク.....................................37
レジャー的帝国主義...............................43
レスポンシブル・ツーリズム........91, 94
連携中枢都市圏...................................86
連結決算...34
労働生産性...25
ロジカル・シンキング......................10, 22

わ　行

ワークショップ.......................................32

おわりに

　筆者が論文を書く時には、積み重ねてきた自身の研究テーマ（土地評価）から生まれた課題であったり、オファーを受けた政策提案なりが先にあり、それが動くことはないため、明確な目的意識を持って調査や分析を行い、その結果が結論になります。つまり、本書第1章第4節で取り上げた特性要因図（フィッシュボーン）における尻尾と頭の部分は既にある状態で論文作成がスタートするので、資料は尻尾と頭を結びつける説明のために使用されます。しかしながら、本書は、アイスブレイクとしての「導入」はあるものの、メインは見開きの図解部分になります。結論を説明するために資料を使用するのではなく、資料そのものを説明し、さらに、そこから読者に様々な事柄を想起させるような文章を書くのは非常に大変でした。与えられる紙面は資料4枚分だけなので、掲載する資料は厳選したつもりですが、各単元とも、教授すべき事項に過不足があることは否めません。

　上記を自覚した上で、筆者が本書を用いた取り組みをどうしても進めたいと考える理由は、観光地経営に携わる関係者の方々の経験、知識、技能のレベルに差がありすぎるという点に終始します。観光地経営はステークホルダー間の連携によって進められますが、経営者層の参加が前提になっているにもかかわらず、新入社員を参加させる事業所があったり、自身が主体となって進めなければならない行政施策に人材を集中させすぎて民間事業者との連携によって進める観光振興、関係人口創出等にまで手がまわらない小規模自治体があったりします。また、職階は高いものの、異動したてで観光は初めてという自治体職員が参加する場合もあります。こうした課題には、個々人の努力によるリテラシーの向上で対処するしかありませんが、そのために必要なことは、大規模な講演会やシンポジウムの企画ではなく、僅かな教授で大きなきっかけが生まれるような話し合い中心の勉強会の開催です。

　現在、移動制限の緩和によるインバウンド旅行者の戻りが想定を超えて急激だったこと、一方で、異常気象や大規模災害の予兆による旅行控えが生まれていること等によって、従来に増して観光地内の足並みが揃わなくなっています。こうした状況にあって、勉強会を開催することに対するニーズは、今後ますます高まっていくと考えられます。勉強会は、経験、知識、技能のレベルが異なる方々にとって、互いに気づきを得る場になります。議論は、硬直化しがちな思考を活性化することに繋がります。教わり、教え合う、そして、意見を出し合うという行為は、自らの思考整理に極めて効果的に作用するからです。本書がその一助になることを切に願うばかりです。

　本書の作成に際し、日本観光振興協会の廣岡伸雄様には、前作の『理論編』同様、同協会の活動に関する様々な資料を提供して頂くと共に、本書を用いた活動に関する多くのご助言を賜りました。また、山形県および山形市の職員の方々からは、職員研修に用いる場合の制限や注意点に関するご意見を頂きました。さらに、本書資料の一部を使用した筆者のゼミにおいて、観光に興味を持った学生が、DMO、ニューツーリズム、関係人口に関する卒業論文に取り組み、公務や観光関連業界に就く道を選択したことは筆者の励みになりました。ここに記して厚く感謝の意を表します。

　最後になりましたが、本書の出版を快く承諾して頂いた海青社の宮内久会長、田村由記子社長と編集作業を担当して頂いた福井将人氏に厚く感謝の意を申し上げます。

　2024年11月30日

山田　浩久

● 執筆者紹介

山田 浩久（やまだ　ひろひさ）

1964年兵庫県生まれ。1994年東北大学大学院理学研究科博士課程後期単位取得退学、1997年博士（理）取得。山形大学人文社会科学部教授。都市計画、都市地理学が専門。大学では、都市計画、地理学、地誌学、観光学等を担当。主な著書に、『地価変動のダイナミズム』（単著、大明堂、1999年）、『地域連携活動の実践 ─ 大学から発信する地方創生 ─ 』（編著、海青社、2019年）、『地図でみる山形 ─ 市街地に刻まれた出羽の歴史 ─ 』（編著、海青社，2021年）、『観光地経営人材育成ハンドブック・理論編』（単著、海青社、2024年）。

Handbook for Human Resource Development for Tourism Destination Management : Skills Edition
Essential skills that should be learned
by Hirohisa YAMADA

カンコウチケイエイジンザイイクセイハンドブック ギノウヘン

観光地経営人材育成ハンドブック・技能編
観光地を経営するために特に習得すべきこと

本書web

発 行 日 ──── 2025年1月15日　初版第1刷	
定　　価 ──── カバーに表示してあります。	〒520-0026　滋賀県大津市桜野町1-20-21
著　　者 ──── 山田　浩久	Tel. 077-502-0874　Fax. 077-502-0418
発 行 者 ──── 田村　由記子	https://www.kaiseisha-press.ne.jp

© Hirohisa YAMADA, 2025.
● ISBN978-4-86099-431-0　C0063　● Printed in Japan　● 乱丁落丁はお取り替えいたします。
● 本書のコピー、スキャン、デジタル化等の無断複製は著作権法上での例外を除き禁じられています。
　本書を代行業者等の第三者に依頼してスキャンやデジタル化することはたとえ個人や家庭内の利用でも著作権法違反です。
● 本書に関する情報や正誤表などは本書webサイト（QRコードからアクセス可）をご参照ください。
● 本書中で注記が付されていない図は、筆者が本書のために作成しました。